— Herrn Dr. med. Detlef Oske —

Einem sehr liebenswerten Menschen
zu seinem Ehrentage in treuer
Freundschaft zugeeignet

Gisela, Hans und Mirko

31. August 2000

Reise-Tagebuch

erstes Stück.

Von Carlsbad auf den Brenner
in Tyrol.

1786.

Stationen von Carlsbad
bis auf den Brenner in Tyrol,
zurückgelegt vom 3. Sept bis den 8ten.
1786.

Nahmen und Entfernung	Post.		Angek.	Abgefahren
		3.		
Zwoda	1½		halb 8. früh.	bald.
Eger	1½		12. Mitt.	2.
Tirschenreuth	1½		5.	gleich
Weyden	2		9.	gleich
Wernberg	1	4.	1.	——
Schwarzenfeld	1¼		2½	——
Schwandorf	1		4½	——
Bahnholz	1¼		7½	——
Regenspurg	1¼		10.	
		5.		12½ Mittag
Saal	1½		3.	3½
Neustadt	1½		6.	gleich
Geisenfeld	1½		8.	——
Pfaffenhofen	1½		10.	——
Unterbrück	1½	6.	2.	——
München	2		6 früh.	
	21¾ P.			

Nahmen und Entfernung	P.	Angekommen	Abgefahren
		7.	
Wolfrathshausen	2.	9 früh.	bald
Benediktbeuern	2.	1 ½	gleich
Wallensee	1 ½	4 ½	gleich
Mittenwald	1 ½	7 ½	
		8	6 Uhr früh.
Seefeld	1	8 ½	
Innsbruck	1 ½	11.	2.
Schönberg	1.	4.	
Steinach	1	5 ½	
Brenner	1	7 ½ Abends.	
		9.	7 Uhr Abends
	12 ½		
Lat.	21 ¾		
P.	34 ¼		

1786.

d. 3 Sept. früh 3 Uhr stahl ich mich aus dem Carlsbad weg, man hätte mich sonst nicht fortgelassen.*

Um halb 8 in Zwota schöner stiller Nebelmorgen. No. 1. um 12. in Eger bey heißem Sonnenschein. der Morgen war bedeckt gewesen, die obern Wolcken streifig und wollig, die untern schweer; es hielt sich das Wetter bey Süd West Wind. [illegible] treiben #

Ich fand daß Eger dieselbe Polhöhe wie Franckfurt hat und freute mich einmal wieder nah am 50 Grade zu Mittag zu essen. Von Carlsbad bis Zwota der quarzhaffte Sandstein; der Weg nach Maria Culm geht auf einem aufgeschwemmten Gebürg hin. bis Eger Plaine und Feldbau.

* Man merckte wohl daß ich fort wollte; die Gräfin L. setzte auch einen entsetzlichen Trumpf drauf; ich lies mich aber nicht hindern, denn es war Zeit. Ich wollte schon den 28ten. das ging aber nicht, weil an meinen Sachen noch viel zu thun war.

das Wetter gab schon den 2ten gute Anzeichen. Siehe das weitere in der Note a fol.

Zu Beginn stößt einem [illegible]
des [illegible] [illegible] ent-
gegen, wie köstlich [illegible]
denn die Häuser alle und
klug [illegible]. Es liegt
in einem fruchtbaren [illegible]
[illegible] nicht zu [illegible] [illegible]
Vertiefung, in einem schönen
[illegible], rings aber
fruchtbaren [illegible] um-
geben und hat in [illegible]
[illegible] Befestigungen. Der
Boden ist [illegible]
[illegible], denn die Bauern
die sich in [illegible]
[illegible] und [illegible] [illegible] ge-
[illegible] ist, leider [illegible].
Es liegt zwar noch
[illegible] aber [illegible] und
die Felder sind fruchtba-
ren.
Bis gegen Süden [illegible]
steigt das Land [illegible],
~~und durch~~ die [illegible]
fließen einem entgegen
nach der Lage und

3.

selbe zu; oder [illegible]
er fehlt nun das
Land hinterwärts ~~und~~
ab und die letzten Landstraßen
nach der Donau.
[illegible] und [illegible].
[illegible] [illegible] oder
Gewitter, es läßt
sich keine voll kommen
[illegible]. Die Gegend
durch die sie geht [illegible]
schlechter, auch Gewitter,
[illegible] Gegend, unwirthli-
che [illegible] gute Chaussée
ist und das Land abfällt,
kommt man mit [illegible]
[illegible] Schnelle fort, die
gegen die böhmischen
[illegible] nicht abschreckt.
Ich war halb neun in [illegible],
Nachts 1 Uhr in Sternberg,
halb drey [illegible],
halb sieben [illegible],
halb acht [illegible],
um zehen in Regensburg.
Ich hatte also diese 12¼ Posten
oder 24½ Meilen in 31 Stunden
zurückgelegt.

Kluft

ten Widerstand gegen Regen
statt zu, da sie anfing Berg
zu werden, bemerkte ich
die Veränderung der Erde
bedeutend auf beyden. Wo
Regenfluth herrscht, hatten
in [illegible] Zeiten, Ebbe
und Fluth durch die [illegible]
herrscht gewirkt und so
diese natürlichen [illegible]
gebildet, die wir nun
bewohnen. Es ist dieses
in der Nachbarschaft aller
großen Flüsse bemerklich.
Ich glaube ich habe die
schon oben gesprochene
Regenströmung [illegible] schön,
die Gegend möchte eine
Stadt tragen können. Nun
haben sich die Geistlichen
schon wohl [illegible]
allein fehlt nur die Stadt
gehört ihnen, und in der
Stadt steht Kirche gegen

Röthe und Weiße gegen
Weiße über.
Die Dörrien hat mich an
den alten Meyer erinnert.
bey Frankfurt gezeich-
net sich selbst und
beyde besser, sein Gesicht
aber das gegenwärtige Lange
Bild am Hof macht es ihr
aus.
Weiter
Die Geistlichen Szenen
sind jetzt unleidliches
Schauspiel, ich betrachte
es gleich, daß dem Be-
fang des Trauerspiels
und das Ende der Oper.
Die meisten es sieht
schlimmer als mein an-
gesehener Tischlerbur-
sche, ebenso macht schön,
fast zu prächtig gekleidet.
Reich sind und das Grenze,
arbeiten niemals ordentlich,
hat mich aber die freyheiten
großer Menschen nicht

neue überzeugt; und es ist
nicht Klugheit, oder meine
für sich in Abstracto denkt,
sondern so es ist mir schon
an der Sache selbst, wie
Mit und Volltsgemüth, welche
er auch dem Gebrauch
des Lebens entspricht.
Welche Freude macht es daß
ich nun ganz in den Welt-
lichen Leben schwimmende,
und ihr in seinem Verhalten
kennen lernen.
Erstaunst du nur mit mir, ich
wäre den ganzen Tag gestern
ich, denn die schnelle Abwechs-
lung der Gegenstände giebt
zu sonders Beobachtung an
Vorschub. Oft erstaune ich
und sehe sie bis sie Abend
allein.
Wie glücklich mich meine
Art die Welt anzusehen
macht ist unglaublich, und
welche Leichtigkeit lernen! und
wie doch mir fast keine

5

Richtung und Aussicht ist.
Es schließt aber alles
zu mir und zeigt sich
mir an. Und da ich
ohne Diener bin, bin
ich mit der ganzen Natur
Freund. Jeder Bettler
weis mich zu verständ
igen und ich rede mit den
Leuten da und begeg-
nen, als wenn wir
uns lange kennten.
Es ist mir eine rechte
Lust.
Heute schreib ich dir zuerst
unter dem 49ten Grade und
es läßt sich gut an, der
Morgen war kühl und man
klagt auch hier über Näss-
und Kälte, aber es war
ein herrlicher gelinder Tag
und die Luft die ein großer
Fluß mitbringt ist ganz
was anders.
Das Obst ist nicht sonderlich,
doch leb ich der Hoffnung

es wird nun kommen und
werden. Auch habe ich einen
alten Schreiber, das mir zu
Wächter begegnete, schon
einem [illegible] Buch abgebrochen
und habe solche aber neu
andern Schüler zu bleiben
angesehen. Nun gebe Gott
bald Vermögen und Freyheit
die Grundrisse von Augsburg
und des Jesuitenstifts
sollten sie beyliegen.
NB. Jesuitenkirchen, ihrer
Dekoration überzeugt! #
Wie sie nicht die alte, abge-
stumpfte Andacht der andern
Ordensgeistlichen fortge-
setzt [selben] sondern mit dem Geist
Seculi fortgegangen sind.

Stiftete gerade in der An-
lage, als allen Menschen
unbegreiflich Ehrfurcht ein-
flößt. Gold, Silber, Metall
und Pracht, daß der Reich-
thum die Bettler aller
Stände blenden möge,
und sie und der [illegible]
abgeschmackt, daß die
Menschheit verschönert und angezogen werde. Es ist
doch überzeugt das Gemüth des katholischen äußern
Gottesdienst, noch hab ich's aber nicht mit
so viel Verstand, Geschick und Geschmack verbunden
gesehen, als bey den Jesuiten und allen ihren
Kirchen herrscht eine Übereinstimmung. In der Folge
mehr.

6

Bayreuth d. 5. Sept.

Von Erlang. hatte ich nur meinen Mantelsack und Nacht-wagen mitgenommen, und für meinen Hauptwagen war es überflüssig, da ich aber [illegible] und [illegible] mit haben, so war es zu beschwerlich. Nun hab ich mir ein Leiterwagen gekauft das mich recht freut. Auch ists recht gut daß ich allein bin, denn gewiß so wäre ich durch anhaltende [illegible] über das ganze alt und un-tüchtig. Jetzt freut mich alles mehr, und ich bringe [illegible] allein gleichsam [illegible] [illegible] [illegible].

Gewiß ich hatte auf der Reise ein paar Hauptstücke, die mich [illegible], [illegible] worden.

Bei der [illegible] [illegible].

No. 2.

[illegible] [illegible] Versuchung

nur halb geholfen.
Ich muß nun machen
daß ich fortkomme! Ein
Ladenbedienter, aus der
Montagischen Buchhandlung
hat mich erkannt, der in der
Hoffmannischen gewesen
stand. Er muß dem Bü[illegible]
nicht gut über den
Buchhändlern kommen.
Ich hab es ihm aber gern
ins Gesicht, und der größten
Unverschämtheit, geläugnet
daß ich's bin.
Den Herren [illegible] hab
ich geschrieben und sein
Cabinet, unter dem ange-
nommenen Nahmen Möller
den ich auch behalten
werde. Nun leb wohl
ich setze mich auf mein
Wagen.

Ein sonderbares Gerücht wird hier
verbreitet, zu [illegible],
mit dem Todtliegenden, daß
eben dem, wo ich ihn älter
und [illegible] erkennen.

Sie ist grünlich, und Quarz
gemischt, löcherig und feine
sich große Stücke des
sächsischen Porphyr darin,
in welchem wieder kleine
runde flache oder platte
eingesprengten Kies befinden.
Im Bruch aber gar sehr
ungleich, der Bruch
aber zu hart. und ich habe
geschrieben mich noch
auf diese Stücke mit
Bemerkungen [illegible].

15ten halb 1 Mittag von Bergen
schöne Gegend bey Osterode wo
die Dörfer sich an Feldhalden
breitet, bis gegen Nordh.
Es ist die Feld wie die
bey Osterode am Harz. Die
aber mit Bergen umschränkt.

No 2b.

3 Uhr in Nordh.,
halb 4 von Nordh., nach
halb in Neustadt,
Heiligenstadt um achte,
Schlachtenhausen um 10 Uhr,

16. M. Unterbrand um 2.,
Münden um 6 in der Früh
Abend 6 in Cassel. nun ist
mein Wünschen endlich auch
absolvirt, diese Nacht will
ich hier schlafen und Morgen
früh weiter. Die Luft ist
endlich auch ruhig nun, und
will und muss nun nun
mal diese Manier ver-
suchen, nun bin der alten
fordernden und schleichenden
ganz abgekommen.
Ich habe die Bildergalerie
gesehen und meine Augen
würden am Gemälde gewöhnt

8

Es sind treffliche Sachen
da. Die Zeichnungen vom
Kabinet zu der [illegible]
der Gallerie sind herrlich.
das vornehmste Säulenwerk,
die Colonna Trajanæ im
Modell, die Figuren derselben
Bilder auf Erz & Erzguss,
sie ich glaube [illegible] [illegible]
werden ich glaube auch der. Es
ist immer ein schön Stück
Arbeit.
Im Antiquarium, oder Architektur
Kabinet, hab ich nicht ge-
sehen, weil meine Augen
auf diese Gegenstände
nicht geübt sind, und
ich wollte auch nicht
Verweilen in Zeit ver-
derben. Wieland will
mir gar nicht ein.
Herr Drechsel hat mich
herumgeführt, die gestrigen Be-
kannten gefallen mir
und ist noch einigen [illegible].

Die Kirche auch unglücklich,
ob man gleich recht mit
ihnen verzieren wollen
und als Gangart der Vor-
oder Mitlauft des Ge-
wölbe, ein gutes An-
sehen hätte, wenn es
nur reinlicher und besser
unterhalten wäre.
Im Naturalienkabinet
fand ich schöne Sachen aus
Tyrol, die ich aber durch
Dandolo schon kannte.
Apropos vom Dandolo!
Ihr gefiel im Antiken-
saal ein Julius Cäsar
so sehr, der sich [illegible]
mich entschlüpfen betrug mich
zwar nicht [illegible], allein
ich finde eine frappante
Ähnlichkeit der Büste
mit Dandolo selbst.
Die Übereinstimmung des
Charakters hat also den
Mangel der Kunst er-
setzt.

9

Ich wohne auch hier im Lambergs Wirthshause, mag aber nicht nach ihm fragen, um [illegible] Verdacht zu vermeiden oder den Verdacht fortzu[illegible]. Niemand hat mich erkannt [illegible] kann mich hier unter ihrem Namen [illegible] [illegible] hat [illegible] zu sagen: daß ich [illegible] [illegible] bin [illegible], [illegible] ist mir [illegible] [illegible] [illegible] folgen kann.

Morgen geht es gerade nach [illegible]! [illegible] Salzburg, wo[illegible] ich die [illegible] hätte#, das Zillerthal, die Berg-

\# mit seinen [illegible],

[illegible] über sich, [illegible] ihn aber nicht zu [illegible]. [illegible] hatte ich den [illegible] die ich dem [illegible] [illegible], und ist [illegible] zu [illegible]. [illegible] da ich nun [illegible] [illegible] allen [illegible] zu [illegible] ist und niemand [illegible] [illegible] [illegible]; so hab [illegible], daß [illegible], einen großen [illegible], und [illegible] [illegible] allein [illegible]. [illegible] den [illegible] [illegible] [illegible],

werde den Schatz, die
Palmen oben sollte! leider
habe ich doch alles hinzu
mit den schönen Gedanken
aufzuführen, der doch
schon zu alt in meinem
Kopfe geworden ist.
Heute früh stand ich
mit Freude die Feigen die
brachten auf einem Zettel
aus dem Schlossgarten, beyde
wurden ihnen gebracht
und obgleich Schwarz doch
sie erfahren, kommen als
Gott mehr folgen sollen
das Obst ist doch auch
für d. 48ten Grad nicht
übermäßig gut. Man
klagt aber überall über
Kälte und Nässe. Ein
Nebel, der für einen Regen
gelten konnte, empfing
mich heute früh vor
München, den ganzen

durch Vermittlung des Raths,

10

#Ich stieg auf den Turm
von dem sich die Fräulein
herabstürzte und sah
mich nach den Tyroler
Bergen um. Sie waren
bedeckt und der ganze
Himmel überzogen.

[illegible] Blick der [illegible] und
sehe bald den Tyroler
Gebirg, der Himmel
war bedeckt.# Nun
scheint die Sonne in
[illegible] nach wie den
alten Turm der mir
vor dem Fenster steht.
[illegible] [illegible]. Du bist mir
immer gegenwärtig
und oft regt sich der
Wunsch wieder: möchte
ich dich früher mitge-
nommen haben.
Noch ein [illegible] Arbeit
steht mir bevor. Nach
einer letzten [illegible]
mit [illegible], muss ich
die [illegible] unterneh-
men und muss hier ein
[illegible] durchgehen
und ich [illegible]
einige Tage [illegible]-
[illegible] will ich mich [illegible],
sobald ich mir Platz ge-
funden [illegible] ich bleiben [illegible].

d. 7. Sept. Abends. Es scheint
mein Schutzgeist sagt Amen
zu meinem Credo, und
ich danck ihm, nicht daß
er mir diesen schönen Tag
gemacht, sondern daß er
mich an diesem Tage hier-
her geführet hat. Der
Postillon sagte auch zulezt
es sey der erste diesen
ganzen Sommer. Ich
hege eine herzliche, stille
danckbare Freude über
mein Glück und hoffe es
soll mir so fort gehn.
Um 5 Uhr fuhr ich vom
Brenner weg. Klarer
Himmel. An den Gipfeln
Bergen standen die Wolcken
fest und die untern Strei-
fen bewegten sich auch
nicht. Der Weg geht an der
Eisach hin, in der Tiefe mit
zusammengeschlungenen
Wasserfällen, die Arbeit

der alten schönen Wälder.
Ich hatte Humboldt Zirkel
erhalten und begrüßte ihn.
Die Nebel des Flußthals
und der Wälder erhoben
sich wie Wolken, endlich
~~der~~ verschwanden auch diese
aufgezehrt.
Zurückkehrend gedachte ich Humb.
Zügelbrücke und die meisten
Pferden lang und breit
wandern muß 8 Uhr das
schönste Schauspiel beob-
acht # Vor Wohlschlafen
hinlegen wo ich um 9 1/4
ankam, mußte man
erwidern an die Ohren, man
sieht in einem Durchschnitt,
den Absturz der Kuhhöhe,
welche auf 150 Fuß schätzt.
Zu Wohlf. brannte die
Sonne stark. Alle Welt
jammert über das heiße
Wetter und daß der
große Gott gar keine
Anstalten machen wolle.

Diese wurde leider fast
und so dem 48 Grad
erreichte,

Nun ging mir die innre
Gestalt auf, ich näherte
mich den Gebirgen, sie
wurden herrlicher [illegible]
[illegible]. [illegible]
[illegible] köstlich! [illegible]
[illegible], [illegible]
in einem fruchtbaren
Thale, [illegible] lang und
breiten [illegible] Ge-
[illegible] und [illegible]
hohen Felswänden [illegible]
[illegible]. Dann kam
man zum [illegible]. Dann
No 3. [illegible] [illegible]
No 4. zum [illegible]. [illegible]
[illegible], [illegible]
[illegible] im
Gebirge. [illegible] ich
[illegible] [illegible]
[illegible], [illegible] ich
[illegible], [illegible]
[illegible]
[illegible]
[illegible]

12

zu Hause. Darum hat
ich dich auch gestern
in dieser Gegend
herumwandernd geblickt
und ~~gesucht~~ gerungen
und auf den Bergen
geschwebt hatte.
Es war also der
erste Schnee den ich
begrüßte.
Die hohen Felsklüften
sind alle Wald, den
dem ältesten der mich
keiner Übersteigungen
aufhält. Diese Walde-
flächen gehen in unge-
heuren unübersehbaren
Strecken dem [illegible]
bis nach dem Gotthard
und noch weiter fort.[x]
[illegible]. Die
schönen Lust an dem
Grund, Herzfälle u. s. w.

[x] Gegend hat einen großen Theil der Wälder bereist

Ich habe nun einige
Stunden [illegible] [illegible]
in dem [illegible] ge-
funden.
[illegible] hält 5.
Ich aber muß etwas [illegible]
dem Arzt, oder mit [illegible]
nächsten Abendwanderungen
entfliehen. [illegible]
ging und [illegible] [illegible]
einem Mädchen von 11 Jah-
ren und her, und bat mich
sie aufzunehmen. Ich
hieß sie zu mir sitzen
und nahm sie auf den
Schoß [illegible] und.
Sie erzählte [illegible]
[illegible] Geschichte, daß
etwas herumgekommen
war, und seine Mutter
nach [illegible] [illegible]
[illegible] und [illegible]
[illegible] immer zu [illegible]

gemacht hatte. Die
Menschen hatten sich bei
den Geschäften ge-
stillt u. überzeugt
schien sich der 21 jährige
Kaufmann seine letzte
Sie unterhielt sich
recht gut. Hatte
freilich große Verände-
rungen mit sich zeigen.
schwinge Kirche, die
sie mit einem Schmerz-
erfüllt zog. Aber jetzt
u. natürlich wenn
sie starb, besonders
wenn sie Kinder hinterließ
brachte. Wenn sie jetzt
stellte sie etwas be-
deutendes u. machte mit
der Obrigkeit einen Verkehr
werden. Ich fürchte
aber nicht ihr Ende.
Sie war überall gern

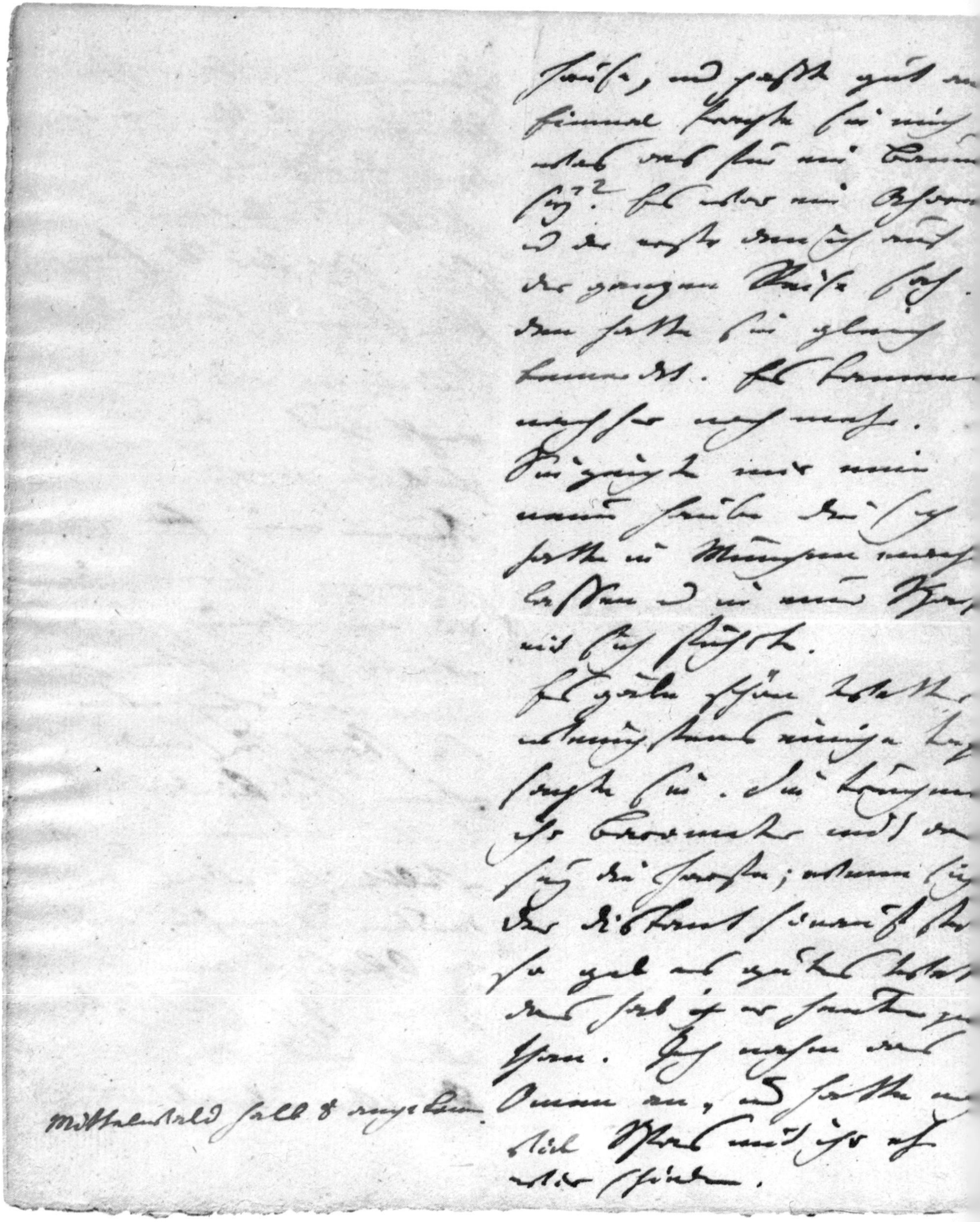

d. 8 Sept. Abends.

Auf dem Brenner ange-
langt, gleichsam hierher
gezwungen, wo ich
mir ein Ruheort
gewünscht habe. Mein
erstes ist dir das Gute
des vergangnen Tags
~~mittheile~~ mitzutheilen.
Es war ein Tag an dem
man Jahrelang in der
Erinnerung geniesen
kann.
Von Mittelwald um
sechs Uhr, klaren Himmel
es blies ein sehr scharfer
Wind und war eine
Kälte wie sie nur dem
Februar erlaubt ist.
Die dunklen mit Fichten-
bewachsnen Vorgründe,
die grauen Kalkfelsen,
die höchsten weisen
Gipfel auf dem schönen
Himmelsblau, machten

köstliche, mächtig abwechselnde
Bilder.
Bey Scharnitz kommt man
in Tyrol und die Gränze
ist mit einem Walle
zugeschlossen der das Thal
verriegelt und sich an die
Berge anschliesst.
Es sieht gut aus.
An der einen Seite ist
der Felsen befestigt,
an der andern geht er
steil in die Höhe.
Von Seefeld an wird's interess-
anter.
Wenn der Weg bisher
immer in etwas steigend
Wasser giengen über die
von Benedicts Beyern
herauf aufsteigenden Höhen
weg, nun kommt man
dem Innthal näher und
sieht von oben hinein
Inzingen liegen. Die
Sonne war hoch und heiß

Meine Garderobe, seine
Stiefel und Hemden und
ein Überrock, ist die noch
alle diese [illegible]
[illegible] ist [illegible]
[illegible] worden,
und sie [illegible]
[illegible] 10 mal [illegible]
halt.
Bey Tirol steigt man
in 6 [illegible] herab.
Der [illegible] ist [illegible]
schön und der [illegible]
[illegible] machten sie ganz
herrlich. Ich habe [illegible]
einige [illegible] auf
[illegible] gezogen, die
[illegible] hatten auch
keine [illegible] gehört
und wilder [illegible]
[illegible]. [illegible] Marin
[illegible].
Nun immer an der [illegible]
hinab an der Medina
[illegible], einen

ᵛan schönem Holz

eines steil abgehenden
ungeheuren Holzbestand.
zum Orte des ... Wan
... ᵛ gekommen ich
war also eher fertig
hin und her zu kommen
ob er gleich immer mir
freundschaftlich und ... ...
nennt ... .
Gegen Abend langt ich
in einem breiten rei-
chen Thal zerstreuten schönen Fel-
und Gelingen.
Ich wollte heute da-
bleiben, aber es ließ
mir innerlich keine
Ruhe.
Ich stand an dem schö-
nen ... der Landschaften
Völlig. Es fand ich
... und ... einen
Menschen.
Heute ist Mariä Geburt.
Alle Menschen ...
... gehend und ...

16

häufig [illegible]
nach *Schildern* [illegible]
[illegible]
[illegible] der Stadt [illegible].
[illegible] [illegible]. [illegible]
ich nur 2 [illegible] ab und
[illegible] halb [illegible] für
auf dem Brunnen

hin holt man [illegible]
[illegible]
ich meine [illegible]-
[illegible] der [illegible]-
schaft [illegible] machen, die
schreiben. Ich kann [illegible]-
ber gehen.
Wer [illegible] [illegible]
wird immer [illegible]-
der [illegible] kann [illegible]-
schreiben. Man kann
eine [illegible] [illegible]
als [illegible] [illegible]
nach der [illegible] zu [illegible]
seine [illegible] die [illegible]-
zähligen [illegible]
fort.

Bald ist die Seite gegen-
über, nicht abhängigen
als daß auch noch
sollten die Schwingen
halbkreis durch gewölbt
werden. Die beiden
vorstehenden, hoch, hätten
Rahmen sollten und
ungeteilten geschliffen
Falten von Federn
auch der abhängenden
Haare fließen.
Bald kommt ich
zu andern Zeiten Sie,
frei abzustellen bis
Schluß.
Zu meiner Arbeit hier
ung hab ich manches
verbessert, doch möchte ich
gern immer noch un-
veränderlich. Auch
hab ich dabei geträumt
über dem Modell, das
denn ich heute werde

und so denn ich kaum
lieben Sorgen allein
das alles menschlich
machen könnte oder
immer mit und
herumreißt.
Endlich wird es dunkel
und dunkler, der
Abend verhüllt sich
und die Menschen wer-
den größer und heiter.
Endlich der alten
und wie ein Schatten
geheimnißvoll Schleier
bald über uns hin-
ausgebreitet, sehe ich auch
niemals die hohen
Gipfel welcher vom
Monde erleuchtet
und die Bäume sanft
blinken.
Zu Hause. und die Gegend
möcht ich mit dir einen
Monat verleben, mit

hölzernen Blätter wie
heute verschafft sich.
Und mit Gattung habe
wo ich sie Gegen-
stände vorbey gestrichen
hab, die dir die größte
Freude machen würden
wenn du sie zeichnen
könntest. Einige
schick ich dir.
Nun bin ich hier, sind
mir sehr heiter bequem
genommen Geschäfte,
Bitte um deinen
meinen Vergnügen Tag
überlegen und alles
für dich in Ordnung
bringen, auch mich
zu erwähnen Sachen
zu bewundern.

Von Witterung Not. a.
Von Holzschlag V. Note b.
Von Pflanzen N. c.
Von Gebürgen Steinarten
Note d.
Von Menschen Note f e.

18

d. 9 Sept. 86 Abends.

Da ich meine flüchtige Bemerkungen
diese Tage zusammenbringe, schreibe
und hefte; so findet sich daß sie bey-
nahe ein Buch werden, ich widme
es dir. Zwar wenig ist es was ich
dir erzählen kann und wäre mir in der
selben Gelegenheit geben besser
ordentlicher und ausführlicher zu er-
zählen. Wir werden aber gerne etwas
über diese Gegenden lesen, weil
ich sie gesehen, manches über sie gedacht
habe und du sie durch mich geniessen
sollst. Ich werde so fortfahren
von Zeit zu Zeit einen Rasttag
zu machen und das Vergangene
in Ordnung zu bringen denn in
die Weite gehts nicht und man mag
zuletzt die einzelnen Blätter nicht
mehr ansehen.

hier aber in einem weitgebreiteten, ziemlichen
bequemen Hause sah ich mich noch nie-
mals nach dir zurück. Von hier schicke
die Werke nach Deutschland und nach
Welschland diesen hoffe ich morgen
zu folgen. Wie sonderbar war es
ich Ihnen gestern als ich so einem
Fremden stand, umbrauste und nicht
hinüber kann! Doch glaubt ich es
nicht eher als bis ich drunten bei
Welsch redenden Menschen ganz und
Gesicht ist, wird mir keine ganze
Liebe wohl! Gedenke an mich in dieser
wichtigen Epoche meines Lebens.
Ich bin wohl, frohen Gemüths und
aus diesen Blättern wirst du sehen
wie ich der Gestalt gewinne. Lebewohl
der ganze Weg ist mir über diesen
Regionen hingegangen.

G

Note a.

Gedanken über die Witterung.

Schon im Carlsbad d. 2 Sept.

Sobald ich die Schwankungen der
Obern Lufft sah hatte ich
gute Hoffnung, ich schloss
daraus: daß die Atmosphäre
ihre Elasticität würde
genommen ~~[illegible]~~ ein Begriff
für das schöne Wetter wie-
der herzustellen. Allein
ich dachte nicht an den
was ich nachher bemerkt
zu haben glaube. Näm-
lich: daß eine elastische
Atmosphäre, die Wolken
aufhebt, ihnen den Zu-
sammenhang unter sich
benimmt, so daß also
die Dünste die vorher Masse-
weis zusammengedrängt
waren, als Wolken um-
herzogen, als Regen her-
abfielen #, nunmehr in
dem ganzen Raum gleich-
förmig ausgebreitet sind.

& nur in einer gewissen
Höhe über der Erde schweb-
ten,
als Nebel wieder auf-
stiegen,

Da aber durch und Ueber-
tragen durch Mittheilung
der atmosphärischen
Flüssigkeit unendlich
elastisch werden, in und
unendlich kleinen getheilt
werden kann; so kann
auch der Wärme Mate-
rie in eine weit größe-
re zertheilen und da-
neben Augen so ver-
schwinden daß sie zu-
letzt auch nicht den ge-
ringsten Druck bemerk-
bar bleibt. Vielleicht ist
das was ich sage wohl
bekannt; ich setze nur
meine Bemerkungen hin
und folgern aus meiner
Hypothese.
Wenn eine ungeheure Ma-
veränderung der Dünste auf-
zulösen sind, wie im Som-
mer war; so geht es
langsam zu, und die obere
Luft, die sie zuerst ihr

Elasticität wieder erlangt
hängt zu erst im Streif-
gen sich leicht wie gekämmte
Wolle aneinander gereihte
die Wölkchen zu bilden.
Bei den hohen Gebirgen,
die durch die Anziehung
die Wolken halten,
hängen diese an, in
großen, bergähnlichen
übereinander gethürm-
verbreiteten ~~ten~~ Massen, fast
zu stehen, indeß die
Wolken der untern
Atmosphäre als graue
Streifen, und in lang-
gedehnten Schichten-
formen unter ihnen
hinziehen. Wornach
sich nun immer die Elasti-
cität der Luft so zeigt
sie von oben herein die
nun die Berge hochstehende
Wolken auf um die
Wand der den Berge
kommt der der übrigen

Gegen Regen brachte bringt
nun gutes Wetter.
Ich sah das Aufziehen
einer solchen Wolke ganz
deutlich sie hing am Berg
fuß, löste sich mit der
größten Langsamkeit auf
kaum daß einige Flocken
Lüftchen sich ablösten
und in die Höhe stiegen
die aber auch gleich ver-
schwanden. Und so
verschwand sie nach und
nach und hinter dem Berg
bemerkte ich in der Luft
ganz leichte Luftwölkch-
Streifchen, die mir zu-
letzt auch aus dem Ge-
sicht kamen.
Ist nun das Wasser
so in der ganzen Atmosphä-
ren verteilt, und noch
wenig verdichtet noch an ein-
so sieht man an der Luft
[illegible] und ein [illegible]

niedersenkte die Land-
schaftsgründe ganz
deutlich. Das mußte
nun als Schnee, oder
Nacht herunter, oder
mußte sich erweitern und,
dehnen und verbreiten.
Einmal machte das Wetter
nur die Zweifel bringen
nur gewaltsamere Fälle
mit Donnern, Blitzen
und Schloßen; dann stellte
sich's fest aus.
Ebenso sah ich den 9ten
als die Sonne den Schnee
auf den Gipfeln zu schmelzen
anfing leichte Schnee-
streifen in die Höhe stei-
gen und sich bey einem
kalten Mittagwinde
weit über den Himmel
gegen Norden verbreiten.
So ging es immer

fast es zog immer mehr
weißer Duft vom Mittel-
punkt her, der ganze Him-
mel ward bedeckt, und
die Sonne endlich ver-
dunkelt, die Dünste ver-
wandelten sich in Wol-
ken, die noch in gräulichen
Höhe schwebten und die
Wolkenschicht immer di-
cker, ihre wilden
Wegen folgen.
Nach meiner Theorie hoffe
ich fast zu erklären.
Die Atmosphäre war
nun in diesem Tag und
fast mit Dünsten
gesättigt, sie konnte
sie also nicht mehr
mehr aufnehmen, sie
mußte also leiden
daß die Dünste wieder

ein zusammenhängendem
der Brust und endlich
auch unverwundbar ge-
gen Hitze und Schlacken
werden. Denn wenn
diese Kraft durch die
die Füllung die Elastizi-
tät des Wassers ver-
mindert und die Elas-
tizität der Luft ver-
mehrt, letztere über-
nehmend [illegible] werden,
so müßten die Schlacken
wieder über den Ber-
gen weggezogen werden
und auch als Schlacken
wieder fallen.
Noch eine Bemerkung.
Die Schmelzhitze in
die Berge ziehen wahr-
scheinlich die Dünste

en, unter welchen Be-
stimmungen dies ge-
schieht wird sich er-
klären lassen. Jetzt
nur so viel: Wenn
sich die Elasticität
der Luft vermehrt,
vermehrt sich ihre Be-
ziehungskraft zu
den Wolken wodurch die
die Dünste und Wolken
wie umgewendet ge-
saugt, wenn die Luft
gehoben und ver-
gehet, umgekehrt ist
die Wirkung umge-
kehrt. Es ist aber nur
einem Luft kalten
der sich auch wieder
setzt wenn die Luft
elastischer wird

Ich habe das Wort
Sensibilität, statt die
des in dieser Materie
auch gewöhnlichen
Wortes Schwärmerei ge-
braucht, ob und
es ist auch besser.
Überhaupt aber sind
meine Kunstwörter
nicht die besten, kenne
ich gewiß; sie sollen
aber meine Benenn-
ungen und Erklä-
rungen mit den Grund-
sätzen der Ästhetik
ihren Theorien und
Beschreibungen zu-
sammen halten. Ich
bin leider nicht gelehrt
wie du weißt.

Note 6.

Über Polhöhe, Klima.

Ich habe den ganzen Tag mit mir selbst über Polhöhe, Klima und [illegible] [illegible] gesprochen, nun [illegible] auch mir Ihre Worte.

Die Polhöhe macht es nicht aus, sondern die Bergrücken die von Morgen nach Abend die Länder durchschneiden; diese machen gleich große Veränderungen und die Länder die alsdann nordwärts liegen haben davon zu leiden. Die Witterung dieses Jahrs für den ganzen Norden scheint durch die große Alpenkette an der ich dieses schreibe, und Südost

bestimmt worden zu sagen
Sie sollen für den ganzen
Sommer Wagen gehabt
und in Südwest haben wir
hat den Wagen in den
ganzen Norden wohnen:
Die Soldaten sollen bei
schönem Wetter frost zu
worden gehabt haben.

Note c.

Ueber Schlangen, [illegible]
welche ich bisher zu beobachten
angetroffen habe, will
nichts sagen. Raupen
und Bienen fangen schon
den Zustand im [illegible]
theil, [illegible]
bringen sie meist [illegible]
land oder ~~dem~~ eigentlich ~~[illegible]~~
mittägigen Tyrol.
Die Insekten kommen sie
[illegible] von [illegible]
[illegible] als oder eben
in [illegible].
Auch nach ein [illegible]
das sie [illegible] x)
das ein [illegible]
Angst, [illegible] Macht
gemacht und als Muß
oder [illegible] gegessen
werden.

x) [illegible] an andern Orten:

hinter Kassel. Sah ich die
ersten Kirschenbäume
die hiebei kräftig
erwachsen, und bey Schwa[illegible]
bey den ersten Zwiebel
die Pflanzen behal-
tet ich mich sehr mein[illegible]
Schülerschaft.
Bei Münden sah ich
nur die gewöhnlichen
und Hieracium, die blau
Blumen die hie bey und
wilden Fallung [illegible]
die Schwefelgelbe, die [illegible]
[illegible] ich von [illegible]
ständig hat. Aber Mü[illegible]
an einem Wasser[illegible]
die Buchenwälder, eine
[illegible] Steinen
hinter [illegible]. Das
Gebirg [illegible] und [illegible]
[illegible] [illegible]
[illegible] und die
erste Gentiana

26

immer aber ab der
Ursachen der ersten Reihe
auf die neuen Schlangen
zuerst fand.
Überzeugt über den Einfluß
der Sonnenstrahlen zu sehen
will ich eine Meinung
hersetzen die zugegeben
werden muß.
Die mehr elastische Luft
würkt auf die Organe
der Schlange und giebt
ihr auch alle mögliche
Ausdehnung und macht
ihre Häutung vollkommen.
an. Ist feuchtigkeit
genung der die in den
ausgedehnten Organe
eindringen kann, ist so
wäscht sich die Schlange
gut und kann sich nicht
leichte entwickeln, häuten
wechseln und Vieh mit-
licher Krebsschlangen.
dieser Gedancke ist und

auf die Schlangen

Fig I. Fig II.

bey meinen Weiden und
Gewächsen mitgekommen
da ich hab das bei ...
warum
gerathen den Reben
zu ... viel Zweig...
wenn hatten.
Blatt wie ~~No 1 ...~~
Fig 1. waren sie wie
Fig 2 gebildet.
Hierbei in der Folge ...
das ich sah auch in Weiden
den ... lange ...

28

Note d.

Von Gebürgen und Bauwerken.

Ich habe schon gesagt
daß ich bisher die Welt
Belgien durchwandert
habe. Sie haben mir
gewiß Vergnügen und
schöne Wunderbaren
unvergleichliche Tage ver-
mehrt als ich der Welt
gleich durch die Berge
und Wände abschreitet.
Aber Nacht auch ge-
schehungen Burg
überkommen. Das
Welt überschreitet mir
glücklich Wandel. Was ; so
fürchten die Gipfel
falschen wenn.
In aber alten Welt
fand ich bewundern
konnte Bild heraus.

In der Gegend des Wind
verändert sich das Gebir[illegible]
[illegible] vielleicht früher, als
einem Wechselfolge zu
untersuchen bleibt. Es fand
ich feinen Glimmerschie-
fer stark mit Quarz
durchzogen. Nachh u Gr[illegible]
u dunkel ~~[illegible]~~ Grau.
bei derselben Gelegenh.
sah ich wieder dichten
Kalkstein der an den
Ablösungen glimmer[illegible]
oder ~~[illegible]~~ eingewachsene
Massen die sich aber
unendlich zur kleinsten[illegible]
brach. Oben auf dem
Kalkstein lagerte sich
ablösende Glimmerschief[illegible]
auf der man aber zür[illegible]
zu sehen schien.
~~Hier aber gegen den [illegible]~~
Weiter hinauf zeigte sich

ein besondern Art
Granit oder Kieselmass
einer Granitart die
ich zum Granit rechne,
weil man [illegible] noch
ich aber der Gegend
[illegible] Ellenbogen
habe. No ist mir
schnell aufgenommen
Riß der [illegible].

Für oben gegen
dem Kreuze über ist
der [illegible] Glimmer
schiefer und die blatt-
die mit dem weißen
Bergen [illegible]
bringen [illegible] Kohle
weil Glimmerschiefer
mit. [illegible]

Es zeigt sich aber das
für oben nicht [illegible]
des Granitstock [illegible]
muß an dem Ich

der Sättel entlehnt.
Gewiß selbst haben
ich mich nicht zurechtfin-
den.
Auf der Karte sieht
man daß man sich
an der Seite eben den
eigentlichen großen
Formen ist eben den
und einzig um sich
die obersten zu ziehen
desselben zu untersu[illegible]
oder eine solche Aus-
gabe für einen jung-
Mineralogen.

Note c.

Menschen.

Von ihnen kann ich nicht viel als dem Ansehen sagen.

Die Nation ist überall gerad der Schlag, die Gestalten sich ziemlich gleich, doch übertrag ich keine Beschreibung der Formen und der Physiognomie.

Braune recht geschnittene Augen und sehr gut gezeichnete Augbraunen bey den Weibern sind mir aufgefallen und dagegen blonde Augbraunen und Bärte bey den Männern.

Schädelbogen

Die grünen Hüte geben gewöhnlich den Bauern ein frisches Ansehen. Die Augen

sie geziert mit Bändern
oder breiten Schärpen
den Kopf und hängen
die mit Nadeln gar
zierlich aufgesteckt
werden, auch hat jede
eine Blume oder
eine Feder auf dem
Hute.
Dagegen tragen die
Weiber weiße, braun
wollene gestrickte, halb
weite Mützen, wie
unsere ländliche Mannes
Nachtmützen, das ihnen
ein ganz fremdes An-
sehen giebt.
Ihre übrige Tracht ist
bekannt.
Ich habe Gelegenheit ge-
habt zu sehen wie
für einen Wolf die
gemeinen Leute mit

Schreiberstudien begann,
und also auch andern
Leute Lust dazu gemacht
wird, daß ich jedem
Reisenden, der Freunde
machen und statt einen
kleinen Trinkgeld
ein geschätztes Ver-
kosten geben will,
solches finden mag
sich zu suchen welches
will. Es versteht
sich dann selbst daß
man hier mit Geschick-
lichkeit anbrachte.

1

Reise – Tagebuch
zweytes Stück.

Vom Brenner in Tyrol
bis Verona

1786

Stationen vom Brenner in Tyrol bis Verona zurückgelegt vom 9. S. bis d. 14. S.

Nahmen und Entfernung			angekommen	abgefahren
Sterzingen	jedesmal 1 Post die Post 2 Meilen	9.	9 Uhr Nachts	9½
Mittenwalde		10.	12.	gleich
Brixen			13½	gleich
Colmann			5.	gleich
Deutschen			7.	gleich
Botzen			9.	gleich
Brandsol			11	gleich
Neumarkt			1½	gleich
Salurn			2½	3½
Neufahr	1½		6	
Trient	1½	11.	7½	5 Uhr Abends
Aqua viva	1		6½	
Roveredo	1½		8½	
Porto al Lago di Garda	2½	12.	8.	4. früh
eigentlich Torbole.		13.		5 früh.
Malsesine			7.	nach Mitternacht.
Bartolino		14	10.	gleich.
Verona.			2.	

4

15

Trent d. 10 Sept. Abends 8.

Nun bin ich völlig 50 Stun-
den am Leben und in ste-
ter Beschäfftigung und
Bewegung. Wenn ich
mich gehen ließe schrieb
ich dir auch noch wie es
mir angegangen ist. Um
des morgenden Tags
willen ist es aber
besser daß ich ruhe
und so sollst du Mor-
gen von mir hören. Heut.
Gute Nacht.

d. 11. früh.

Ich fahre in meiner Er-
zählung fort.
Am 9. Abends als ich mein
erstes Stück an dich ge-
schlossen hatte, wollte ich
noch die Herberge zeich-
nen aber es ging nicht,
ich verfehlte die Formen

und ging selbst mit un-
tig nach Hause.
Mein Vetter fragte
mich ob ich nicht fort-
wollte? und ob schon
Mondschein? und ob
ich nicht wüßte daß
er die Pferde morgen
früh brauchte und sie
also bis dahin gern
wieder zu Hause ge-
habt hätte, sein Vetter
auch also ungemüth
aber; so machte ich da
weil es mit meinem
innern Trieb überein
stimmte ihr alles ge-
rn, die Sonne lieb
sich wieder blieben,
und es aber nun sehr
kindliche Lust.

Ich machte mir nun einen
heitern [illegible] ich keine
[illegible]. Wie ich
gehofft hatte, ward die
Athmosphäre rein [illegible]
Wolken [illegible] und der Abend
gar schön.
Der Postillon schlief
ein und die Pferde
liefen den schnellsten
Trab bergunter immer
auf dem bekannten
Wege fort, kamen
sie an ein eben Fleck
ging's desto langsa-
mer, er erwachte und
trieb und so kam ich
sehr geschwind zwischen
hohen Felsen, an dem
reißenden Etschfluß
hinunter. Der Mond

ging auf und beleuchte
bete angenehmen Gegenstän
Einige Mühlen über die
rauschenden Ströme waren
artige Abwechselungen.
Leider ich die hin und
aber die Augen hielte fast
können.
Um 9 kam ich nach Burg
und man gab mir zu
verstehen daß man
gleich wieder weg
wünschte, um 12 in
Mittelwalde aber alle
im tiefen Schlafe ...
den Postillons ...
halb 3 zu bringen ...
so, daß ich mit dem
Tage zu Liebau an-
kam. So sind es und
Hast, diese überhaupt ...
den Gegenden, mit ...
entsetzlichen Schneller

3

(die Postillon fahren
daß einem oft Hören
und Sehen vergieng.)
und bey Nacht aber
die Strasse zu durch-
reisen; so konnte
nicht das, daß alle
ein Wind hinderte mir
so kalt und mich mei-
nen Wünschen zuzing-
te.
Mit Tags Anbruch er-
blickte ich die ersten Heb-
hügel, eine Frau mit
Bier u. Schinken be-
gegnete mir so ziemlich
auf Deutsch, als ich
um 7 Uhr ankam
endlich erblickte ich bey
hohem Sonnenschein,
nachdem ich nun Koblenz
Wunderwürdl gesehen

wird, das Thal worin
Botzen liegt.
Unter steilen bis auf
eine ziemliche Höhe be-
bauten Bergen einge-
schlossen, ist es gegen Mit-
tag offen, gegen Norden
von den Tyroler Berg-
bedeckt, ein milder Hi
~~Himmel~~, Luft füllt
die Gegend, die Etsch
Fl. wendet sich hier
gegen Mittag wieder
die Hügel am Fuß de
Berge sind mit Wei
bebaut. ~~Zu~~ Über Reben
niedrigen Lauben si
die Reben gezogen d
die blauen Trauben
hangen gar zierlich
und reich über der Deck

herunter. Auch in
der Fläche des Thals,
wo sonst wunderschö-
ne Wiesen sind, wird
der Mais in solchem
ungemein dichtstehen-
den Reihen oder
Furchen gebaut, der
gleichsam das türkische
Korn, Ital. Formen-
tass oder vielmehr fru-
Formentone genannt
das nun immer höher
hinauf wächst. Ich habe
es öfters zu 9–10 Fuß
hoch gesehen. Die
zeitliche männliche
Blüte ist noch nicht
abgeschnitten, wie
es gebräuchlich ist, wenn
der Befruchtung nun

[…]r.
[…]n sprechen es Formentass
[…]s und Formenton ist
[…]i Klunder davon ich oben
[…]edacht.

[illegible] [illegible] ist.
bey [illegible] Menschen
noch [illegible], wo alles
über die Welt [illegible] lebten, die
[illegible] [illegible] gebe[…]
der [illegible] mich [illegible]
ist abscheulichen [illegible]
[illegible] [illegible]
[illegible] [illegible] [illegible]
[illegible].
Auf dem Platze [illegible]
[illegible] mit [illegible]
4 bis 4½ Fuß im Durch-
schnitt, flach, worin
die [illegible] [illegible]
[illegible] liegen, aber
so die [illegible]. [illegible] [illegible]
mir nun was ich in [illegible]
[illegible] am Fenster des
[illegible] [illegible] gese-
hen [illegible]

Comme les peches et les Me[…]
Sont pour la bouche d'un Ba[…]
Ainsi les verges et les batons
Sont pour les fous dit Salom[…]

daß ein nördlicher Baron
dieses geschrieben, ist
offenbar und daß er
in diesen Gegenden keine
Europäischen Wanderer würde
ist auch natürlich.
Der Markt zu Botzen ist
stark an Seiden Vertrieb,
auch Tücher werden dahin
gebracht und was sonst
an Leder pp aus den
Gebürgen und der Ge-
gend zusammenge-
bracht wird. Auch kom-
men die Kaufleute vorzüglich
dahin ihr Geld einzu-
cassiren.
Ich eilte fort damit
mich nicht irgend ein
erkennte, und hatte
ohne das nichts da zu
thun — Zwar wenn ich
es recht gestehe; so ist
es der Trieb und die Un-

rufe die Leute wie ich
denn ich hätte gerne einig
nur etwas jünger scheinen
und alle die Grundsätz
behauptet die sie hinge-
zusammenschlagen und
doch ist das mein Her
alles das ist gewiß
schon gedruckt. Er mei
Herrn Statistischen Zei-
braucht man sich nur
diese Dinge etwas zu
bekommen um wieder
fest schon die Sorge über
nommen, wie ich es
nur jetzt um die Heim
lichen Eindrücke zu
scheu, die mir kein Bey
und kein Bild geben
kann, daß ich wieder
Heiterkeit an der
Arbeit nehmen und daß
ich meinem Verdacht

6

tung begreift deine Liebe,
und auch liebe aber weiß
es mit meinen Leiden-
schaften und Launenhaftig-
gast, ob er aber meine
Ruhe liebt, wenn er selbst
ist, aber sich in der Ge-
schwindigkeit fassen
kann und ob die Falten,
die sich in meine Gemüth
geschlagen und eingedrückt
haben, wieder auszutilgen
sind.
Wenn ich arbeite; so
fühl ich dies mehr.
Schon jetzt, wo ich mich
selbst bedienen, immer
aufmerksam, immer
gegenwärtig sein
muß, giebt mir diese
andere Lage eine
ganz andere Elastici-
tät des Geistes.

Ich mußte mich nur dem
Geldkurs bekümmern
verhältnis begreiflich,
notiren, die Schreiber
ansteckt daß ich hernach
nie dachte, wollte, ...
besucht und dictirte.
Ihre Botzen auch keine
s. die Stationen hinaufste...
gestellt in einem immer
Frühstücken und [illegible]
brennen Stahl hier. [illegible]
wol höher hinauf [illegible]
zu Magazinen [illegible]
fest um hier schon
allein mehr [illegible]
und haben uns glei...
wieder niemal [illegible]
einen Gott.
Die Stadt schließt [illegible]
macht am Mahlen [illegible]
breite Linde, auch dem...

NB. wenn hier die nicht
bald ihr Kind in den Wagen
zu nehmen weil ihr die
heißen Boden die Füßen
brennen. Sonderbarer
Witz der Kinder.
Ich redete es Italiänisch
an, sie sagte daß sie
kein Deutsch verstehe.

Traube nach dem Fluß
und an den Hügeln
ist alles so in einem
geflochten daß man
kaum es wüßte eins
das andre verschieden.
Kastanienbäume, Mandel-,
Pfirsichbäume, Maulbeer-
bäume, Feigenbäume.
Nüsse und Quittenbäume
Über die Mauern biegt
sich der Rebstock belastet
herüber, der Epheu
wächst an steilen
Stämmen die felsen
hinauf und verbreitet
sich weit über
sie und die Reben
schlingt über die Mau-
ern weg.
Könnt ich nur mit dir
diese Gegend und Lust
genießen wie du die dich
gewiß gesund machten
entzückt.

Auch was hie und hie war
das erinnert einen an die
liebsten Bilder. Die auf-
gebundenen Zöpfe der
Weiber, die bloße Brust
und leichten Federn der
Männer, die trefflichen
Ochsen, die hier dem Mer-
nach Hause treiben, die
beladenen [illegible] all
macht einen immer leb-
den und sich bewegenden

Heinrich Kord.

Und nun wenn es
Abend wird und bey der
milden Lufft einige
Wolken an den Bergen
ruhen, am Himmel
mehr stehn als ziehen
und gleich nach Sonnen-
untergang das Gesicht
der [illegible] lieb
zu werden anfangt!

Es ist mir als wenn ich
hier geboren und erzo-
gen wäre und nun eben
einer Grönlandsfahrt
oder einem Wallfisch-
fang zurückkäme.
Alles ist mir willkommen
auch der vaterländische
Staub der manchmal
stark auf den Wegen
wird und den ich
nun so lange nicht
gesehen habe.
Das Glocken oder vielmehr
Schellengeläute der Kuh-
heerden ist allerliebst
durchdringend und nicht
unangenehm.
Tüchtig klingt es wenn
muthwillige Buben mit
einem halb voll Heuschrecken
um die Wette geschrieen.
Es ist als wenn sie einen
würklich schwätzten.

Heute ist wieder ein herrlicher
Tag, besonders die Milde
der Luft kann ich dir nicht
ausdrücken.
Wenn das alles jemand
hätte der ein Mittag
essen, dann Mittag
kann würde mich bes-
kündig halten. Auch
war ich der schönsten Zeit
auf Berg gewesen, hin-
dem ich mit dir unter
einem besten Himmel
beide, und jetzt mag
ich gern diese Freunde
als Landleuten fühlen
die ~~der~~ aber als mein
wenigen Natur-wohlsehen
einem ganzen Baum
halten.
Das übrige suche in den an-
gebrachten Noten die ich
der Bequemlichkeit halber
fortsetzen und mit eben den Buchstaben weiter-
bis nächsten Brief begreifen will.

Trient

Ich bin in der Stadt herum-
gegangen die uralt ist und
in einigen Straßen neue
wohlgebaute Häuser hat.
In der Kirche hängt ein
Bild, wo das versammelte
Concilium einer Predigt
des Jesuiten Generals
zuhört. Ich möchte wissen
was er ihnen aufgebunden
hat.
Ich trat in die Jesuiten
Kirche, die sich von außen
gleich durch rothe Mar-
mor Pilaster aus-
zeichnet, ein großer
Vorhang hängt nahe
an der Thüre herunter
den Staub von außen
abzuhalten, auch eisern
Gitter schließt die
Kirche von einer kleinen
Vorkirche, so daß man

alles sehen, weiter
hinein aber nicht kommen
kann. Es war alles
still und ausgestorben
die Thüre nur auf weil
zur Weihnachtszeit alle
Kirchen geöffnet sind.
Wie ich so dastehe und
über die Dinge, die ich
den bekannten Kirchen
ähnlich fand nachdenke
kommt ein alter Mann
mit einem schwarzen
Käppchen auf dem Kopfe
das er freilich abnimmt
und in einem langen Sch[…]
ne für Alter abgetragenen
Rock heran, kniet vor
dem Gitter nieder, und
steht nach einem kurzen
Gebet wieder auf. Als
er sich umkehrt sagt er
halblaut für sich: da
haben sie nun die Fahnen

herausgetrieben; sie
hätten ihnen auch helfen
sollen weil die Kirche
gebettelt hat, ich weiß
wohl wer sie gebettelt
hat, und das Commu-
nicieren war dieser Un-
hende hindurch aber an
wieder den Morgen hi-
naus, ich trat an den
Morgen hoch an der Seite
hinaus und hielt mich
stellen, er aber auf die
Kirchhofsstelle stehen
geblieben :/ der Kirchhof
hatte nicht geholfen, die
Propst hatte geholfen [illegible]
er stand mit dem Gesicht
nach der Kirche gekehrt
und ohne mich zu bemühen
sah die Wunder, denn
wir, denn die Leute ohne
sie er warnte noch einige :/

Abels Blut schreyt
über seinen Bruder
Kain! — und so ging
er die Treppe hinab
immer mit sich reden
die Straße hin.
Ich bewunderte daß es
[illegible] selbst wie
Jesuiten, oder einen der
sie erhalten würde
die über den ungeheuren
Fall des Ordens
den Verstand nicht
verloren haben, die
nun jetzt kommt in
dem kleinen Geschäft
die alten Buchstaben
zu suchen und nach
einem kurzen Gebet
ihren Kindern den Se[gen]
zu geben.

Mein Begleiter zeigte mir mit Verwunderung ein Haus das man das Teufelshaus nennt weil in einer Nacht der Teufel die Steine nicht nur hergebracht sondern es auch aufgebaut haben soll. Das Teuflischste woran bemerkte er aber nicht das ist: daß es das einzige Haus von einem guten Geschmacke ist, das ich in Verona gesehen habe. Sie ist aus einer alten Zeit aber gewiß von einem guten Italiäner aufgeführt.

Abends um 5 Uhr ab
nach Dortmunde.
Während des Frühstücks
den gestern Abend
und die Zwischenstunden des
gleich bey Ramann an-
unterwegs zu schreiben
anfingen. Man hat
recht eine Meile von
der Stadt gelösten
Mauern über welche
die Verzäunungsstände
sich Häuser befinden, an
den die nicht hochge-
nug sind hat man
mit Brettern, Reisig
und andern Dingen
erhöht um das Ab-
rupfen der Trauben
den Vorbeygehenden
zu wehren, viele

heftigen bestürmungen
die vordersten Häuser
mit Gewalt da die ~~ber~~
Tauben, denn Es war
eingenommen worden
und dem Morgen fand
ich dem Bruder aber
nicht Schadet, weil
er durch die Gährung
wieder heraus muss.
Das schöne Wetter dauert
fort. Es aber sehr
heiss als ich um 8 Uhr
über die Brücke und nach
die Weinberge spazieren
ging. Mir ist es aber
einerlei, das ich
wieder leben kommen
muss. Es macht schon
für niemand mehr die
Thüren zu, die Hitze
stehen immer offen,

Ich red kein Menschen Kindern an, kein Buch Wort zu haben. Ich kann nicht wie ein ordentli-chen ohne Gebärde. Ich will mich aber der Sprache wegen noch nur und mich in die Landes tracht zu kleiden.

d. 11. S. Abends.

Hier bin ich nun in Roveredo wo die Sprache sich abschneidet. Oben herein schwankte es noch immer vom Deutschen zum italiänischen, nun hatt ich einen stock wälschen Postillon der Wirth spricht kein Deutsch und ich muß nun meine Künste versuchen. Wie froh bin ich daß die Geliebte Sprache nun die Sprache des Gebrauchs wird.

d. 12 Sept. nach Tische.
Wie sehnlich wünscht ich
dich einen Augenblick
neben mich, damit du
dich mit mir der Aus-
sicht freuen könntest
die vor mir liegt.
Heut Abend hätt ich
in Verona seyn können,
aber es lag mir noch
eine schöne Natur Würck-
ung am Wege, ein
schönes Schauspiel
der Lago di Garda.
Den wollt ich nicht ver-
säumen und bin herrlich
belohnt. Nach fünfen
fuhr ich von Roveredo
ab ein Seitenthal
hinauf, das seine Wasser
in den Adige ausgießt.
Wenn man hinauf kommt,

liegt ein ungeheurer Berg-
rücken her, über den
Kamm da nach dem Ven-
hinunter muß. Hier
wären die schönsten Gegen-
stände zu malerischen
Studien.
Wie man hinab kommt
liegt ein Örtgen am
nördlichen Ende des
Sees und ist ein kleiner
Hafen oder Anlände, es
heißt Torbole.
Die Feigenbäume hatten
mich schon den Weg her
häufiger begleitet und
im Hinabsteigen fand
ich die ersten Ölbäume
die voller Oliven hingen.
Hier fand ich zum erstenmal
die weißen Feigen
als eine gemeine Frucht
die mir die Gräfin Lan-
thieri verheißen hatte.

Auf dem Zimmer wo ich
sitze geht eine Thüre in
den Hof hinunter u. ich
habe meinen Tisch davor
gewendet und die die Aus-
sicht mit einigen Li-
nien gezeichnet. Man
sieht den See in seiner
Länge doch am Ende
wenn bewendet sie
des Landes Seiten nicht
fassen kann.

Morgends Nach Mitter-
nacht bläst der Wind
von Norden nach
Südwn, wer also den
See hinab will muss
die Zeit benutzen, einige
Stunden vor Sonnen
aufgang wendet er sich
u. bläst nordwärts.
Jetzt nach Mittag um
eins bläst er starck u. hohl
starck gegen mich und
kühlt die heiße Sonne

gar herrlich ab.
Eben läßt mich Volckmann
den ich zuerst auf meinem
Wege suchte daß dieser
See ehmals Benacus
geheißen und zeigt mir
einen Vers des Virgils
an worin seiner gedacht
wird:

teque
Fluctibus et fremitu assurgens Benace marino.

der erste lateinische Vers
dessen Gegenstand mir le-
bendig vorsteht und der, da der
Wind immer stärcker
wächst und der See
höhere Wellen
schlägt recht wahr wird.
Nun will ich schließen, es
dunckelt wird noch einen
Spaziergang machen, Morgen
früh um dreye von hier ab
fahren und die Nacht wir.

15

der den Wanderer stän-
ken. Die schönsten und
grösten Natur Erschei-
nungen des festen
Landes hab ich nun
hinter mir, nun gehts
der Kunst, dem Alter-
thum und der Seenach-
barschaft zu! Lebe wohl!
Heute hab ich an der
Iphigenie gearbeitet,
es ist im Angesichte
des Brenners gut von
statten gegangen.
Ich muss aufpacken
und scheide ungern von
hier, ich will noch heute
zusammen an dich senden.
Die Tyroler Karte die ich
Dunkeln abgegangenen kaufst bey ich habe meinen
Weg mit einem Bleystift drein gezeichnet.

Geschrieben den 46 Grad hinter mir.

unter dem 45 Gr. 50 Min

d. 13 Aug.

Wenn man mit dem Wasser
zu thun hat, kann man nicht
sagen: ich werde heut da
oder da liegen.

Ich bin in Walcheren dem
westsen Orte des Nieder-
ländischen Staats an der Mee[illegible]
[illegible] des Sees.

Nun noch einiges von
Zwolle so heißt der
Hafen wo ich gestern
blieb.

Der Gasthof hat keine
Schlösser an den Thüren
und der Wirth sagte mir
ich könnte sicher schlafen,
und wenn alles Silber
den Armen wäre ich bey
mir hätte. Außerdem die
Zimmer keine Fenster,
sondern Ölgepapierne Rahmen
und es ist doch köstlich
darinnen liegen, die Wind

16

keinen Abtritt. Dies
heißt also daß man
dem Naturzustande hier
ziemlich nah kommt.
Als ich nach meiner An-
kunft noch den Hausknecht
nach einer Bequemlich-
keit fragte, deutete er
in den Hof: qui abasso!
puo servirsi. Ich fragte
dove? er antwortete
per tutto, dove vuol.
Durchaus zeigt sich eine
Sorglosigkeit, doch Ge-
schäftigkeit und Leben
genug und den ganzen
Tag schwatzen die
Nachbarinnen mit Ge-
schwätz und Geschrey,
haben aber immer etwas
zu schaffen und zu thun.
Ich habe noch keinen müßig-
en Mensch gesehen.

köstliche Forellen (:Trutte:)
werden bey Torbole ge-
fangen, wo der Bach von den
Gebürgen herunter kommt
und die Fische den Weg
hinauf suchen. Der Kayser
erhält von diesem Fang
10/m f Pacht.
Es sind keine eigentliche
Forellen, sie sind bis
auf 50 tt schwer, über
den ganzen Leib bis
auf den Kopf hinauf
punctirt. Der
Geschmack ist zwischen
Forelle und Lachs, sehr
zart und trefflich.
Mein eigentlich Wohlleben
ist aber in Früchten, in Fei-
gen, ich esse den ganzen Tag
Du kannst denken wie die
Birn hier gut seyn müs-
sen wo schon Citronen wachsen.

Heute früh fuhr ich um drey Uhr von Torbole ab mit zwey Rudrern, einigemal war der Wind günstig dass sie das Segel brauchen konnten, aber wir kamen nicht weit unter Malsesine als der Wind sich völlig umkehrte seinen gewöhnlichen Tagweg nahm und nach Norden zog. das Rudern half wenig gegen die übermächtige Gewalt und wir mussten in dem Hafen von Malsesine einlaufen.

Der Morgen war herrlich wolckig und bey der Dämmrung still. Ich habe einige Linien gezogen. Wir fuhren bey Limona

vorbey, ~~des~~ denen die Berg-
gärten, die terrassenweis
übereinander stehen an-
gelegt sind und worin
die Zitronenbäume stehn
ein reinliches und reiches
Ansehen geben. Der ganze
Garten besteht aus rech-
ten weißen viereckten
Pfeilern, die in einer
gewissen Entfernung
von einander stehen und
deren Reihen hinter-
einander den Berg hinauf-
ziehen. Über diese Pfei-
ler sind starke Stangen
gelegt um im Winter
die Bäume zu decken die
dazwischen gepflanzt
sind, sonst würden sie in
diesem Klima auch leiden.
Hier in Malcesine ist eben
so ein Garten, ich will
ein Bild zeichnen.

18

Wie auch das Schloß
das am Wasser der Läng
und ein schöner Gegen-
stand ist.
Heute im Vorbeygehen
nahm ich mein Boden
arten mit.
Ich betrübte mich heute
früh daß ich nicht mehr
zeichnen kann und freute
mich, daß ich so viel
kann. Wie mir auch
Mineralogie und das
bischen botanischen
begriffs unsäglich viel
aufschließen und mir
der eigentlichste Nutzen
der Reise bis jetzt sind.
Gestern hab ich meinen
Mantel in den Koffer
gethan in Verona muß
ich mir etwas leichters
auf den Leib schaffen
es ist zwar nicht heiß

aber sie muss innerlich warme
arbeiten ich hatte folgenden Gra
keinen Begriff gehabt ha
Abends
die Luft die das Schloss ge
geniessen, das mir äusserst
fremdartig zu dem Gemüth
ist, hätte mir übel be-
kommen können. Die
Frauenzimmer fanden es sehr
drollig, weil hier die
Grenze ist und sich alles
vom Deutschen fürchtet.
Sie hatten einen Respekt
auch mich, ich habe aber
den Frauenzimmern köstlich
gespielt, sie herumgeführt
und sie bezaubert. Das
Detail werden mündlich.
d. 14 Nachts um 1 Uhr von
Molsheim ab, wegen des
guten Windes doch erst um
10 Uhr in Carlsruhe. Weil

19

ich der kleinen schlechten
Wirthshäuser und ihrer
Bedienung halb halber
eilt ich fort und, wenn
Gegend auch ein Maul,
Thier gefunden, auch noch
ein anderes, kann ich gegen
714. Verse Uhr ein gewaltiges
fahre hier ein Warmen
an, als ich bei dieser
nachschreiben. das
gestrigste Bild schließen,
hoffte und dann gehe
das Bergschlüssel gut
schauen.
Von der Gegend kann
man durch Worte keinen
Begriff machen, es ist
ein Garten eine Meile
lang und breit, ist sehr
gut erbauisch, der am Fuß
der hohen Gebirge und
Felsen ganz flach in

der größten Reinlichkeit
gelingt. Dessen Beschrei-
bung im folgenden Stück.
Noch ein Wort aber meine
Wasserfahrt, sie endete glück-
lich und die Herrlichkeit
des Wasserspiegels und
des daran liegenden, be-
sonders des brescianischen
~~[illegible]~~ Ufers freute ~~[illegible]~~ mich
im Ganzen. Wo an
der Abendseite des Gebirgs
aufhört steil zu seyn
und die Landschaft fläch[er]
nach dem See fällt, lie[gen]
in einer Reihe in einer
Länge etwa ungefehr
anderthalb Stunden:
Gargnano, Bojaco, Cecina
Toscolan, Maderno, Verd[om]
Salò. Alle auch meist
wieder in die Länge gezo-
gen.
Ich endigte nicht eben
diese Schiffart zu enden

20

Von Torbole mache ich den
Weg über einen Rücken der
das Thal worinn der
Adige fliest und die
Vertiefung worinn der
See liegt scheidet.
Die Wasser von beyden
Seiten scheinen ehmals
hier gegen einander ge-
würckt und diese
ungeheuren Kiesel
Haufen hier aufgethürmt
zu haben. Es ist frucht-
bares Erdreich darüber
geschlemmt, aber der
Ackermann ist doch
von denen immer wie-
der vordringenden
Kieseln geplagt.
Sie haben eine gute Art
sie in die Höhe zu bringen
und daraus am Wege
hin, gleichsam sehr dicke
Mauern anzulegen.

von zusammengehal-
tenen Regenwassers

Auch haben die Maulbeerbäume wegen Mangel an Feuchtigkeit schon nicht so kräftig auf diese Höhe. An Quellen ist nicht zu denken, von Zeit zu Zeit trifft man Pfützen woraus die Maulthiere, auch ihre Treiber, den Durst löschen. Unten am Flusse sind Schöpfräder angebracht um die in der Tiefe liegenden Pflanzungen nach Gefallen zu wässern.

Note a.

Witterung

Diesen Punkt behandle ich so unbestimmt weil ich eben glaube in der Gegend zu seyn, wo der mehr traurigen nördlichen Schicksal erscheint. Wie ich schon im vorigen Brief gesagt habe. Ja es nimmt mich nun nicht so sehr Wunder, daß wir so schlimme Sommer haben, wahrscheinlich weiß ich nicht wie wir gute haben können.

Die Nacht vom 9. auf den 10ten war abwechselnd hell und bedeckt, der Mond behielt immer einen Schein um sich. Morgens gegen 5 Uhr der ganze Himmel be-

deckt ~~mich~~ mit grünen
nicht schwarzen schwindenden
Wäldern.
Die obern Lüfte aber noch
immer elastisch gemisch-
wie der Tag wächst, theil-
ten sich die Wolken,
nach meinem Scheine:
sie wurden aufgejagt
und in Tiefen sah ich sie-
hen dichte Schäume über
den Wäldern.
Wie immer zu in Höhe
der größte Theil der
Gebirges unbeweg-
lich blieb, während die
Luft immer reiner.
Jetzt nicht selbst ganz
ausdrücken.
Die Lüfte wie man an
den verschiedenen Far-
schaften begründen kon-
inter Wolken Dünste,
aber die die Abendsonne

22

allerdings genug hinzu
bringen.
Wie ich weiter hinab
kam konnt ich deutlich
sehen daß alle dunkle
Wald dem hohen Wald
und alle Wäldern, die
über den Bergen darauf
übrigen liegen, auf-
steigen nach dem Gebir-
ge zu gegangen und als
nicht wandelten aber
in einem Wort über sich,
auch einhüllten. So
ich habe in der Geschichte
ferne über dem Gebir-
ge eine Wolke gelbe
j: den einen, undeutlichen
Teil einer Umgebung
gesehen.
Wie allein diesen Gebirg-
ich ist wandelt jetzt genug
doch mehr gut als bös.

Tage haben, denn obgleich
die Schneegebürge wie ich
offt wiederhohle elastisch
genug zu seyn scheint,
so muß doch immer
feuchtes etwas über den Dünst
nach Norden kommen,
weil dort nicht gleich
aufgelöst und in einem
niedrern Schneegebürg
fortwährend als Regen
herunter fallen muß.
Von Botzen hinunterwärts
haben sie den ganzen Som
das schönste Wetter ge-
habt. Von Zeit zu Zeit
ein wenig Wasser (: Aq
sichtts gelindern Regen :)
und dann wieder Sonnen-
schein, selbst gestern
fielen von Zeit zu Zeit
einige Tropfen, und die
Sonne schien immer dazw

Eben sagt mir die Wirthschafterin: sie hätten lange kein so gutes Obst gehabt, als gerade [illegible]. Und ich glaube aber [illegible] wir es nur übel gehabt haben.

S. Ferbers Reise nach Italien. p. 397.
Fragment Reise durch die 4 Alpen.

[illegible] nennt sie Hornschiefer
[illegible] aber wurde die Be-
[M]ineralogie des Gebirgs,
[w]orden viel unbestimm-
[te]r als jetzt. Siehe seine
[illegible] pag. 400 199.

Note d

Gebirgs und Berg arten.

Eine Viertelstunde oben Brennend ist ein Marmor bruch, der aber schon drümmerich. Es mag auch muß aber der ~~[illegible]~~ oben nur schon bemerkten Kalkstein der andern Seite auf dem Glimmer schiefer aufliegen. Wahrscheinlich folgt nur immer Glimmer schiefer mit Kalk an der Seite. (zu übersehen habe ich nicht können.)

Bey Colmann alle und Bey Mand stand auch Glimmer schiefer, auch in dem Flusse bach keinen Kalk (und ist möglich

daß ich ihn übersehen hab[e]
auch zurückt zu sich
brachten, vielleicht ist
auch daß dann eine etwa[s]
Victor Kolmar zeigen
die Schwestern an denen
ich mein Sammlung zu
bringen und bin selbst zu
beschreiben, die halten
wenn sie günstig und
im Stande die Zeiche[n]
sie regelmäßig zu stell[en]
daß man gleich die Ma[...]
künstliche Verbindungen
darauf bilden und da[...]
zeichnen können. Bei
kann ich ohne bestim[mt]
da bei jedem Gesta[...]
ein Stück mitnehmen
wenn ich nur meine B[...]
und meine Begierde da[...]
ein kleines Mus[...]
gewachsen kann.

bald unter Kolmann
fand sich auch ein Por-
phyr Fels der sich in
fast regelmäßige Platten
spaltete.
Vor ~~Kolman~~ Botzen ein
Porphyr mit grünen
Sandstein Flecken
und eine Sandstein
Ablösung.
Unter Botzen Porphyr,
endlich zwischen Brand-
sol und Neumarkt die
Porphyr der sich auch
in regelmäßige Platten
und etwan einen Z. dicke,
in Säulen spaltet, die
eine parallelepipedische
Bruch haben.
Ferber hielt sie für Vul-
kanische Producte,
das war aber vor
14 Jahren, wo die ganz-

[illegible] werden
[illegible]. Jedes
macht sich deshalb über
[illegible] sehr.

26

Verzeichniß der Gebirgsarten
die ich aufgepackt habe.

1. Gewöhnlicher grauer Kalkstein oder und am Zirlstand.
2. Granit von den Wegesteinen gegen den Brenner.
3. Granit oben daher.
4. Derselbe mit Lichtbraunem Feldspath.
anstehend bergen Bau.
5. Glimmerschiefer mit Quarz und [illegible] Feldspath.
6. derselbe mit Kalck
7. Kalck wie er auf dem Glimmerschiefer aufliegt.
8. Derselbe an der Ablösung gegen den Glimmer verworren.
9. Glimmer Schiefer auf dem Kalck.
10. Schiefriger Kalckstein aus der Gegend.

11. Marmor unter dem Brenner nach Sterzing zu.

12 Granit von der Chaussee unter Kolman

13 Granitart eben daher.

14–18 Porphyrarten eben daher.

19 ein Porphyr der sich regelmäßig spaltet.

20 Porphyr mit grünem Talk oder Speck-
steinflecken bei Botzen.

21. Porphyr des [illegible] enthält ein
[illegible].

22 Kalkstein [illegible].

23. Basalt als Kiesel auf dem Wege von Roveredo nach Torbole.

24. Granit Geschiebe aus dem Lago di Garda.

Note e.

Menschen.

Sobald man den Berg hin-
abging vom Kamme herun-
ter bemerkte ich eine
sonderbare Veränderung
der Gestalt.
Besonders die Weiber
hatten eine bräunliche
Gesichtsfarbe, als und der
Gebirgsbewohner und die
Kinder eben so und
unbräunlich anzusehen.
Die Männer waren
ein wenig besser,
die Bildung übrigens
ungefällig und gut
ich suchte die Ursache
und glaubte sie im Ge-
brauch des Mays zu
finden. In diesen
Gedanken bin ich immer

Und ist das Heiden [illegible]

nicht beständig geworden
Der Magd den sie auch gel-
bende nennen, weil
seine Herren gelb sind
und die schwarzen Bende
werden genennet, das
Wort in lateinische gebraucht
das auch man Ritter [illegible]
wird [illegible] zu gegessen.
Die Deutschen nach
heißt der übrigen Berge
~~[illegible]~~ ringsum den
Zug wieder zu [illegible]
und treiben ihn in den [illegible]
nach; aber die Italien-
natürlicher Jagen ~~ihn~~ ist ihnen
so weg, manchmal [illegible]
Treuch gerieben und
das ganze Feld [illegible]
[illegible] verschwindet
muß das alles [illegible]
verbleiben und sein.

28

Thun Sie sich nichts zu
gute?, ich Wenn Sie nicht
taugten? — Nein, sie
sie sind es niemals
gewesen —

Sachen beobachtet
bey Kindern und Herren
und die ganz beschränktesten
Leute kommt daher.
Ich fragte ob er auch
auch nicht Kinder
gebe? — Er freylich —
Leute kommen für denen
die mit ihrem Gelde
sie? Leute nehmen
sie kauft sie bloß
Abend? — O die Seelen
sehen ihre Herren
die uns schenken wieder
abzuholen! —
Und aller die Stimmen
des Geschwätzes mit
meiner Mischung bestand
meinem nicht gutem
Geschäften.

Laub essen sie einig[illegible]
Früchte und grüne Be[illegible]
die sie in [illegible] ab[illegible]
und mit [illegible] u[illegible]
[illegible] einnehmen.
Die Tauben die wir [illegible]
der Bucht begegneten
[illegible] [illegible]
und hübschen [illegible]
Mädchen Gesicht[illegible]
und dann [illegible]
in kleinen [illegible]
hockten auf einig[illegible]
ganz dicht neben[illegible]
einander sehen.
[illegible] und [illegible] [illegible] ge-
kreischen die [illegible]
andere [illegible] den
[illegible] den [illegible]
ein Spottgeld ab [illegible]
handeln wenig [illegible]

Pauper ubique jacet.

Und die Weiber besitzen
längst überall meistens.
Ich habe in Rom die Leute
genau angesehen. Sie
sehen durchaus besser
und alle auf dem
Lande. Die Frauen sind
meist für ihre Würde
und die Größe der Köpfe
überhaupt zu klein, aber
mit einem recht hüb-
schen entgegenkommenden
Gesichter. Die Männer,
gebildeter kommen mir,
doch sehen sie sein viel we-
niger frisch und alle
die Weiber wahrschein-
lich weil die Weiber mehr
körperliche Arbeit, mehr Be-
wegung haben, die Männer

mehr als Grundelblaute
oder Graulichroth sitzen.
Am Lago di Garda
fand ich die Tinte sehr
braun und ohne einen röth-
lichen Schein der Farbe;
aber doch nicht unangenehm
und schauend sondern ganz
frisch und behaglich.

Reise-Tagebuch
Drittes Stück.

Verona,
Vicenza,
Padua.

1786.

1

Verona d. 15. Sept. Ab.

Ja meine Geliebte hier bin ich endlich
angekommen, hier wo ich schon lang
einmal hätte seyn sollen, manche
Schicksale meines Lebens wären
anders geworden. Doch wer kann
das sagen, und wenn ichs gestehen
soll; so hätte ich mir nicht eher
nicht um ein halb Jahr eher wünschen
dürfen.

Schon siehst du das Format meines
Tagebuchs ändert sich und der Inn-
halt wird sich auch ändern. Ich
will fortfahren fleißig zu schrei-
ben, nur schaffe dir die Volckmannische
Reise nach Italien, etwa aus der
Bibliothek, ich will immer die Seite
anführen und Thun als wenn du
das Buch gelesen hättest.

Seit gestern Mittag bin ich hier, und

habe schon viel gesehen und viel gele[sen]
Nach und nach will ich meine Gedancken
niederschreiben.

d. 16. Sept.

Nach und nach find ich mich. Ich lasse
alles ganz sachte werden und bald
werd ich mich von dem Sprung über
die Gebirge erhohlt haben. Ich gehe
nach meiner Gewohnheit nur so herum
sehe alles still an, und empfange und
behalte einen schönen Eindruck.
Nun eins nach dem andern.

Das Amphitheater.

Das erste Monument der alten Zeit
das ich sehe und das sich so gut erhal-
ten hat, so gut erhalten worden ist
~~ein Schlüssel [illegible] längst [illegible]~~
~~worden [illegible]~~
[illegible], entspricht guten Vorstellun[gen]
~~Bau~~ desselben.
Wenn man hineintritt, oder oben auf

2

dem Kinde steht ist es ein sonderbarer
Eindruck, etwas Großes und doch
eigentlich nichts zu sehen. Auch will
es hier nicht gebohren seyn, sondern
ganz wie Menschen, wie es der Dichter
und der Künstler gebohren haben. Doch
nur damals that es seine Wirkung
da das Volk noch mehr Volk war
als es itzt ist. Denn eigentlich ist
so ein Kunstcharakter recht eigentlich
dem Volke mit sich selbst zu einige-
nen, das Volk mit sich selbst zu
brechen zu haben.
Wenn irgend etwas auf solcher Erde be-
gegnet und alles zerbricht, suchen die Ein-
zelnen auf alle mögliche Weise
sich über die Verdrossenen zu erheben,
man wollt sich selbst herbey, stößt
mit Wagen herum, legt Bretter
hinüber und hinüber, stellt Wind-
brücken hinauf, man behält einen
be

hervorbrachten.
Hügel und es bildet sich in der Geschwind-
igkeit ein Krater. Kommt das Schau-
spiel, es sey ein Vergnügen, oft an
derselben Stelle vor, baut man leichte
Gerüste an einer Seite für die, so
bezahlen können und das Volk be-
hilft sich wie es mag.
Dieses allgemeine Bedürfniß hat
der Baumeister zum Gegenstand,
er bereitet einen solchen Krater durch
die Kunst, so einfach als nur mög-
lich und dessen Zierrath das Volk
selbst ist. Wie ich oben sagte, als
es sich so beysammengesehen hat
mußte es über sich selbst erstaunt
seyn. Da es sonst nur gewohnt ist
sich durch einander laufen zu sehen, sich
in einem Gewühl ohne Ordnung und ohne sonderliche
Zucht zu sehen, sieht das vielköpfige
vielsinnige, schwankende, schwebende
Thier sich zu einem Ganzen vereinigt

3

zu seiner Reinheit gestimmt, in seine Werke
und bestätigt
verbunden; sich zu einer feinern gleichsam
der feinern Geister belebt. Die Sim-
plicität der Gestalt ist in dem Auge
auch die angenehmste kolossale[?] Fläche
und indes doch dient zum Maaße wie
groß das Ganze ist. Setzt etwan
man es leer hin[?], hat man keinen
Maaßstab, man weiß nicht ob es
groß oder klein ist.
Da es aber einmal mit der Zeit verwittern,
der Marmor gebraucht ist, so wird es gut un-
terhalten.
Über folgende Punkte mündlich.
Stand der äußern Mauer.
Ob sie ganz untergegangen?
Gewölbe rings umher an Handwerker
vermiethet das Gewölbe jährlich zu 20–30 f.

Ballon

Als ich aus der Arena (: so nennen sie das
Kampfstiertheater :) weggieng, kam ich einige
tausend Schritte weiter, auch zu einem
ähnlichen Schauspiele. Wie edle
[illegible] schlugen Ball gegen die
Wände. [illegible] es das ganze Jahr
unterhielt sich, allerdings 2 Stunden vor [illegible]
[illegible] weil heute die Gegner
waren, lief das Volk unglaublich
zu, es kamen immer 4–5000 Män-
(: schwarze saß ich vor kleinem [illegible] :)
Zuschauer gestanden sagt. Oben, als
ich aber bedürfniß der Zuschauer [illegible]
[illegible] ein Schauspiel auch fleißig
hatte vorgesetzt, hab ich das natürlich
die zufällige Kampfstiertheater schon
beschrieben, auch denn ich hier das
Volk über einander gelaufen sich. Ein
leidenschaftliches Händeklatschen ließ sich
schon von weitem hören, jeder be-
deutende Schlag ward damit be-
gleitet. Das übrige mündlich.

Porta Stupa oder del Palio.

das schönste, immer geschlossene Thor; wenn man auf etliche hundert Schritte entfernt, erkennt man es erst für ein schönes Gebäude. Als Thor aber und für die grose Entfernung in der es abzusehen ist, ist es nicht gut gedacht.

Sie gaben allerley Ursachen an warum es geschlossen ist, ich habe eine Muthmasung. Die Absicht des Künstlers war offenbar durch dieses Thor eine neue Anlage des Corso zu verursachen, denn auf die jetzige Strase steht es ganz falsch; die lincke Seite hat lauter Baracken aber die rechtwincklichte Linie der Mitte geht auf ein Nonnenkloster zu, das nothwendig hätte müssen niedergelegt werden, man sah das wohl ein, auch hatten die Nobili nicht Lust sich dorthin anzubauen, der Künstler starb vielleicht und so schlos man das Thor damit der Sache auf einmal ein Ende war.

Nun ein Wort was auf die Werke der Alten überhaupt gelten mag.

der Künstler hatte einen großen Gedanken auszuführen, ein großes Bedürfniß zu befriedigen, oder auch nur einen wahren Gedanken auszuführen und er konnte groß und wahr in der Ausführung seyn wenn er der rechte Künstler war. Aber wenn das Bedürfniß klein, oder der Grundgedanke unwahr ist, was will der große Künstler dabey und was will er daraus machen? er zerarbeitet sich den kleinen Gegenstand groß zu behandeln, und es wird was, aber ein Ungeheuer dem man seine Abkunft immer anmerkt.

NB diese Bemerkung steht zufällig hier, und hat mit dem vorstehenden keinen Zusammenhang.

Theater und Museum.

Das Portal des Theater Gebäudes
von 6 Jonischen Säulen ist groß und
schön. Über der Thüre, zwischen den
zwey mittelsten Säulen durch, er-
blickt man das marmorne Brust-
bild des Mozart's, der eine ge-
wölbten Nische, die von zwey ge-
wölbten Corinthischen Säulen ge-
tragen wird. Daß Mozart die Büste
bey seinem Leben würde abge-
nommen haben, schreibe ich lieber
seinem guten Geschmack als seine
Bescheidenheit zu, denn die Büste
gehört nicht dahin und es gehört
keines Menschen Büste dahin,
und noch dazu nicht in der Mauer
sondern eingeklebt, und mit
einer großen Feyerlichkeit. Hätte er
sich nur einen guten Platz in dem

Säulen als die Schülermeister gemacht
hingen aufgehängt und hereinkommender
Wandersleute daß sie nicht keinen
Tod das Bild dahin gestellt; sie
wären für den guten Geschmack
gebracht geworden und es hätte auch
augenblicklicher sein.
Hätte man es aber zu thun wollen
so hätte man der Thüre nicht eine
gemachte Säulen Verzierung
sondern eine solide Einfassung
geben, die Nische in die Mauer
einbrechen, die Gewände abzu-
brechen und die Treppe beträchtlich
machen müssen, und mit allem
dem zweifelt ich daß man diese
Partie zu einer Übereinstimmung
mit den großen Säulen würde
gezwungen haben. Doch diese
Harmonie scheint die Herrn Schil

6

anwenden nicht sehr zu rechnen.
So ist auch die Gallerie die den Vorhof um-
faßt kleinlich und nehmen sich die kanne-
lirten dorischen Säulen neben den glatten
Jonischen Säulchen armselig aus. Doch
wollen wir das verzeihen in Betrachtung
des schönen Instituts das diese Ga-
lerien decken, und indem wir bedenken
daß es mit der Architectur eine gar
sonderbare Sache ist, wenn nicht unge-
heure Kosten zu einigem Gebrauch
verwendet werden; so kann sie gar
nichts machen. Davon in der Folge
mehr.
Jetzt wieder zu den Antiquitäten
die unter den Gallerien aufbewahrt
sind.
Es sind meist Basreliefs die auch
meist in der Gegend von Verona
gefunden worden (: ja sie sagen sogar
in der Arena :) das ich doch nicht begreife.

Es sind etrurische, griechische, römische
von den ~~ältesten~~ mindern Zeiten und neuern.
Die Grabmähler in die Mauer eingemauert
und mit den Nummern versehen welche sie
in dem Werke des Maffei haben, der
sie beschrieb. Altäre, Stücke von Säulen
stehen in den Intercolumnien.
Es sind sehr gute, treffliche Sachen
darunter und auch das weniger gute
zeugt von einer herrlichen Zeit,
alter. Der Wind der von den
Gräbern der Alten hereinweht, kommt
mit Wohlgerüchen wie über einen
Rosenhügel.
Ein ganz köstlicher ~~Altar~~ Dreyfuß von weißem
Marmor steht da, worauf Genii sie
die [illegible] in dem Zeitalter der
Geschichte der Schöpfung umhergeführt und
erklärt hat. Ich erkannte sie gleich
Und die Grabmähler sind herzlich und
rührend. Da ist ein Mann der arbei

seiner Frauen aus einer Nische wie
zu einem Fenster heraus, da steht
Vater u Mutter den Sohn in der Mitte
u sehn einander mit unaussprech-
licher Natürlichkeit an, da reichen
sich ein Paar einander die Hände. da scheint
ein Vater über seiner Familie auf
dem Sterbebette liegend ruhigen
Abschied zu nehmen. Wir wollen
die Kupfer zusammen durchgehn.
Mir war die Gegenwart der Steine
höchst rührend daß ich mich der Thränen
nicht enthalten konnte. Hier ist
kein geharnischter Mann auf den
Knien, der eine fröhliche Auferstehung
erwartet, hier hat der Künstler mit
mehr oder weniger Geschick immer
nur die einfache Gegenwart der
Menschen hingestellt, ihre Existenz
dadurch fortgesetzt u bleibend ge-

stellten
macht. Sie legen nicht die Hände zusammen
schauen nicht gen Himmel; sondern sie
sind was sie waren, sie stehen beysammen
sie nehmen Antheil an einander, sie
lieben sich, und das ist in den Steinen
offt mit einer gewissen Handwercks-
unfähigkeit allerliebst ausgedruckt.
Die Künstler nehmen das offt weg, sie
verschönern, aber der Geist verfliegt.
Der bekannte Diomed mit dem Palladio,
in Bronze ist sehr schön hier.
Bey den Grabmälern hab ich viel
an Herdern gedacht. Überhaupt mögt
ich ihn bey mir haben.
Auch steht ein verzierter Pfeiler von
weißem Marmor da, sehr reich
und von gutem Geschmack.
Da alle diese Dinge gestochen sind
kannst du sie nach, ich schreibe nur sie
wie mir jedes auffällt.
Morgen schick ich noch einmal und sage
dir noch einige Worte.

Dom

Der Titian ist sehr verschwärzt und
soll das Gemählde von seiner ge-
ringsten Zeit seyn.
Der Gedanke gefällt mir daß er
die himmelfahrende Maria nicht
hinaufwärts sondern nach ihren
Freunden niederwärts blicken läßt.

S. Giorgio.

Eine Gallerie von guten Gemählden.
Alle Altarblätter wo nicht gleich
doch alle merckwürdig.
Aber die unglückseeligen Künstler
was mussten sie mahlen? und
für wen.
Ein Mannaregen 30 Fuß vielleicht
lang und 20 hoch, das Wunder der
5 Brodte zum Pendant. Was war
daran zu mahlen. Hungrige
Menschen die über kleine Körner her-
fallen, unzählige andre denen Brod

präsentiert wird. Die Künstler haben
sich die Haltung gegeben und nur Per-
Persönlichkeiten und einigermaßen
bedeutend zu machen.

Einer   der die Hl. Ursula mit
den 11/m Jungfern auf ein Altarblatt
zu machen hatte, hat sich mit
großem Verstand aus der Sache
gezogen. Die Gestalt der Hl. Ursula
hat was sonderbar jungfräulich-
ohne Reiz.

Ich endigte nicht! denn laßt uns
weiter gehn.

München.

Man sieht das Volk sich durch und
hin rühren u in einigen Straßen
wo Kaufmannsläden u Handels-
boutiquen an einander sind, sieht
es recht lustig aus. Denn es ist
nicht etwa eine Thür in den Laden
oder das Arbeitszimmer, wenn die
ganze Breite des Hauses ist offen,
man sieht alles, was drinnen vor-
geht; die Schneider nähen, die Schuh-
arbeiter alle halb auf der Gasse.
Die Boutiquen machen einen Theil
der Gasse. Abends wenn Lichter
brennen sieht es recht lebendig.
Auf den Plätzen ists wie Markt-
tagen fast voll. Gemüs u Früchte
unübersehlich. Knoblauch u Zwiebeln
nach Vergnüglichkeit. Übrigens schreien

singen und schäkern für den ganzen Tag, balgen sich, werfen sich, jauchzen und lachen unaufhörlich.

Der milde Himmel, die bequeme Nahrung läßt sie leicht leben, alles was nur kann ist unter freyem Himmel. Nachts geht nun das Singen und Lärmen recht an. Den Marlborough hört man auf allen Straßen. Dann ein Hackbret, eine Violin, sie üben sich alle Vögel mit Pfeifen nachzumachen, man hört Töne von denen man keinen Begriff hat. Ein solches Übergefühl seines Daseyns giebt ein mildes Klima auch der Armuth und macht den Schatten des Volcks selbst noch respecktabel.

Die Unreinlichkeit und wenige Bequemlichkeit der Häuser kommt

daher. Zu ihrer Bequemlichkeit denken
sie an nichts. Dem Volck ist alles
gut, der Mittelmann lebt auch
vom Tag zum andern fort, der Reiche
und Vornehme allein kann darauf
halten. Doch weis ich nicht wie es
in seinen Palazzi aussieht.
Die Vorhöfe, Säulengänge pp sind
alle mit Unrath besudelt und das
ist ganz natürlich, man muss nur
wieder vom Volck herauf steigen.
Das Volck fühlt sich immer vor.
Der Reiche kann reich seyn, Palläste
bauen, der Nobile darf regieren,
aber wenn er einen Säulengang
einen Vorhof anlegt, so bedient
sich das Volck dessen zu seinem
Bedürfniss und das hat kein dringen-
deres als das so schnell als mög-
lich loszuwerden was es so häufig

als möglich zu sich genommen hat.
Will man das nicht haben; so müßte
er nicht den großen Herren spielen,
das heißt: er müßte nicht thun als
wenn ein Theil seiner Wohnung
dem Publiko zugehöre, er müßte
seine Thüren zumachen und dann
ists gut. An öffentlichen Gebäuden
läßt sich das Volk sein Recht nicht
nehmen. Und so gehts durch ganz
Italien.
Noch eine Betrachtung die man nicht
leicht macht —
Und indessen ist der Abendstern gekommen
und ich fühle mich müd und ausgeschrie[ben]
denn ich habe den ganzen Tag die Feder
in der Hand. Ich muß nun die Iphi-
genie selbst abschreiben, und diese Blä[tter]
dir zubereiten. Diesmal gute Nacht
meine Beste. Morgen oder wann der
Geist will meine Betrachtung.

d. 16. Sept. 86. Abends 10 Uhr.

d. 17. Abends

Wenn nur gleich alles von diesem Tage auf dem Papier stünde es ist 8 Uhr (: una dopo notte:) und ich habe mich müde gelaufen, nun geschwind alles wie es kommen will.

Heute bin ich ganz unbemerckt durch die Stadt und auf dem Bra gegangen. Ich sah mir ab, wie sich ein gewisser Mittelstand hier trägt und lies mich völlig so kleiden. Ich hab einen unsäglichen Spas daran. Nun mach ich ihnen auch ihre Manieren nach. Sie schlendern z. E. alle im Gehen mit den Armen. Leute von gewissem Stande nur mit dem rechten weil sie den Degen tragen und also die Lincke stille zu halten gewohnt sind, andre mit beyden Armen. u.s.w.

Es ist unglaublich was das Volck auf etwas fremdes ein Auge hat. Daß sie die ersten Tage meine Stiefeln nicht verdauen konnten, da man sie als eine theure Tracht, nicht einmal im

Blinkern trägt; aber daß ihnen heut früh
der Fürst alle mit Blumen, Rundblumen und
duftenden Lichtern und Zypressen-
zweigen nicht entgieng, wo ich in den
Garten genommen hatte und den
meine Begleiter in der Freude trug,
sie abschnitten einige grünen Zweigen, denn
und er hatte noch ein Lorbeer Zweigel
gen Abend die an die Brust meiner
Schwester; und steckte mich. Sie
sahen alle Große und Kleinen ihnen
nach die Finger und hatten ihre Ge-
danken.
Diese Zeitungen brachte ich auch dem
Garten Fürsten der mein trauriges
Tage und ungeheuer Zypressen hat
die alle Nadelförmig in die Lüfte
stehen. Sie die Zugabe der Nordischen
Gärtnerey spitz zugeschnitten für
Verschönerung dieser schönen Natur
Gewächse; sie können derselben Zeitung
den Lauten laut oben, deren ältesten

Gesträuch wie die jüngste vom Himmel strebt,
die schon 300 Jahre dauert, (denn nach der An-
lage des Gartens sollen sie älter seyn:)
ist wohl einer Verehrung werth.
Sie sind noch meist von unten auf
grün und es würden mehrere werden
wenn man den Schnitt der Äste unterhal-
ten und die untern Zweige nicht,
früher geschwächt hätte.
Ich fand Lorbeern an der Mauer hoch
hinaufwachsend blühen, und eine schöne Mi-
mosa. Lorbeern in den Hecken ff.
Die Anlage des Gartens ist mittel-
mäßig und gegen den Berg an dem
er hinaufsteigt kleinlich. Die
Cypressen balanciren allein noch
die Felsen. Doch wieder einmal
wenn über andern Gärten die Bede-
ckung wird.
Ich sah die Fiera die mir unendlich scho-

und Institut.
Denn die Gallerie des Städl. Institutes,
wo sehr schöne Sachen alter Arbeite
sind. Für die Entstehung bereits
einen wenigen Meister ist, die nur
dem Nahmen nach kennen, allein
wenn man nun diesem Sternenhimmel
näher tritt und nur die Sterne der
zweiten und dritten Größe auf
zu flimmern anfangen und indeß
auch der ein Stern ist, dann wird
die Gestalt weit und die Kunst auf
Stein sind die Mahler mit ihrem
Sujets oft unglücklich. Und
die Bilder mit mehreren Personen
gerathen so selten. Die besten
Compositionen fand ich hier: einen
entschlafenen Simson im Schooß
der Delila die eben leise nach der

19

Schranne hinübergreift. Die Gardinen
und die Bettfütterung sind sehr
breit. Anderes verschweig ich.
Es fällt. Damals fiel mir nur
einer auf die ich hier nur bemerke.
Schön heißt dem Volke.
Ich ging noch einmal ins Museum.
Was ich über die Colonnade, über die
Büsten des Museums gesagt, bedarf
einiger Einschränkung.
Über den Basreliefs sag ich nichts;
sie sind in Kupfer gestochen, aber
ich sie wieder sehe stellt mir alles
wieder ein. Das schöne Thor Stupa
geht leider zu Grunde, es ist der
Abendsonne u. dem Abendwinde
ausgesetzt wenn sie nur ein
hölzern Futteral drüber setzten.
Der ungeheure Pallast des Prove-

dieser hätte mir schon Auskunft ge-
geben wenn er fertig geworden
wäre.
Sonst bauten die Nobili noch viel
lieber in der Nähe dem Platz als hier
Pallazzo schon stark. also erst in
neuern Zeiten. Es wird jetzt
ein geräumiges Gebäude eines Se-
minarii gebaut in einem Geschmacke
des entschiedensten Unverstands.
Diesen Abend ging ich wieder ins
Komödientheater. Ich muß erst mein
Auge bilden, mich zu sehen ge-
wöhnen. Es bekräftigte sich was
was ich das erstemal sagte.
Auch müssen die Marionetten
wegen der Unterhaltung gelobt
werden. Die Häuser der Stadt
scheinen fast alle neu. Es sind

Inschrift gedenkt eines Hieronymus
Maurigenus und seines unglaublichen
Fleißes und Eifers.
Ich ging auf der Seite des Portals
auf der obersten Stufe bey Sonnen
Untergang herum die Nacht j: Notte,
die 24ste Stunde anfangend. Ich
aber ganz allein und unten auf den
breiten Steinen des Corso gingen
Mengen aller Menschen, Männer
aller Stände, Weiber aller
Mittelstände spazieren.
Hier ein Wort vom Zendale den sie
tragen und der Veste. Diese Tracht ist
recht eingerichtet für ein Volk das
nicht immer reinlich seyn mag und
doch oft öffentlich erscheinen, bald
in der Kirche bald auf dem Spazier-
gang seyn will. Veste ist ein schwarzer

taftener Rock der über andre Kleider geworfen
wird. Hat das Frauenzimmer einen wei-
ßen Zeug weißes darunter, so wirft sie
sie den schwarzen an einer Seite in die
Höhe zu halten. Dieser schwarze Rock
wird so angesteckt daß er die Taille
abschneidet und die Lappen des Corsetts
bedeckt. Das Corsett ist aber jeglicher
Farbe. Der Zendale ist eine große Kappe
mit langen Bärten, die Kappe selbst halten
sie mit einer Maschine über Drahten hoch
über den Kopf und die Bärte werden wie
eine Schärpe um den Leib hinterwärts ge-
knüpft und fallen die Enden hinten hinunter.

Casa Bevilaqua.

Schön, köstliche Sachen
Ein Paradies oder Glorie des Paradieses von Tintoret die Krö-
nung Mariä zur Himmelskönigin in Gegen-
wart aller Erzväter, Propheten, Heiligen,
Engel pp. ein unsinniger Gedanke mit dem
schönsten Genie ausgeführt. Eine Leichti-

15

hat den Gefühl, ein Geist, ein Künstlerin
ein Ausdruck, den zu bewundern und dessen
sich zu freuen man das Bild selbst
besitzen müßte, denn die Arbeit geht,
man darf wohl sagen ins unendliche;
und die letzten [illegible] haben einen
Charakter, die größten Figuren mögen
ungefähr groß seyn, Maria und Christus
da ist die Krone aufgesetzt mögen ungefähr
4 Zoll haben. Die Farbe ist durch das
schönste Weibchen auf dem Bilde und
noch immer das Alterthum für mich wenig
[illegible].
Ihre Portraits der [illegible] [illegible]
haben meine Hochachtung für diese
Künstlerin nur vermehrt.
Die Arbeiten sind schön. Ein [illegible]
gefiel mir sehr wohl. Die Büsten die mich
verstorbenen Menschen haben sehr interessirt.
Ein [illegible] mit der Krone citiren. Ein
[illegible].

Uhr

Damit dir die italiänische Uhr leicht be-
greiflich werde hab ich gegenüberstehen-
des Bild gemacht.
Der innere Kreis sind unsere 24 Stunden
von Mitternacht bis wieder Mitternacht,
in zweymal zwölf getheilt, wie wir
zählen und unsre Uhren sie zeigen.
Der mittelste Kreis zeigt an wie die
Glocken hier schlagen nämlich auch
in 24 Stunden zweymal 12. allein
dergestalt daß es 1 schlägt wenn bey
uns 8 schlägt und so fort, bis die zwölf
voll sind. Morgens um 8 Uhr nach
unserm Zeiger schlägt es wieder 1.
und so fort.
Der oberste Kreis zeigt nun eigentl.
wie bis 24 würcklich gezählt wird.
Ich höre also in der Nacht 7 schlagen und
weis daß Mitternacht um 5 ist, subtra-
hire ich $\begin{array}{r}7\\5\\\hline 2\end{array}$ ist 2 Uhr nach Mitternacht.
Hör ich am Tage # 7 schlagen; so weiß ich

[illegible]

und also auch Mittag der Glocke nach

daß Mitternacht um 5 Uhr ist, so mache

also die nöthige Operation $\begin{array}{r} 7 \\ 5 \\ \hline 2 \end{array}$ es ist

also 2 Uhr nach Mittag. Will ich es

aber umgekehrt; so muß ich wissen

daß Mittag um 17 Uhr ist und addire

also nunmehr $\begin{array}{r} 17 \\ 2 \\ \hline 19 \end{array}$ und sage neunzehn

Uhr, wenn ich nach unserer Uhr um

zwey sagen will.

Wenn du das gelesen hast und meine

Tafel ansiehst; wird dir's im An-

fang schwindlich im Kopfe werden

du wirst ausrufen: welche Un-

bequemlichkeit, und doch am Orte ist

man's nicht allein bald gewohnt sondern

man findet auch Spaß daran weil

das Volk dann das ewige hin und

wieder rechnen und desgleichen zur

Beschäfftigung dient. Sie haben

NB. die Italiener bekümmern sich wenig um Mittag und Mitternacht sondern sie zählen nur vom Abend wenn es schlägt die Stunden wie sie schlagen, und am Tage wenn es schlägt addiren sie die Zahl zu 12.

aber das immer die Finger in der Luft
rechnen alles im Kopfe und machen sich
gerne mit Zahlen zu schaffen.
Nun kommt aber die Hauptsache. In
einem Lande wo man des Tags genießt,
besonders aber sich des Abends freut,
ist es höchst bedeutend wann es Nacht
wird. Wann die Arbeit des Tags auf-
hört? Wann der Spaziergänger ausgeht
und zurückkommen muß. Mit einbrechen-
der Nacht will der Vater seine Tochter
wieder zu Hause haben, die Nacht schließt
den Abend und macht dem Tag ein Ende.
~~[illegible]~~ was ein Tag sey wissen wir
Cimmerier im ewigen Nebel und Trübe
kaum, uns ist's einerley ob Tag oder
Nacht ist, denn welche Stunde können
wir uns unter freyem Himmel
freuen. Wie also die Nacht eintritt
ist der Tag aus, der aus Abend und
Morgen bestand, 24 Stunden sind
vorbey, der Rosenkranz wird gebetet

Und nun meine Rechnung gehet so.
das verändert sich mit jeder Jahrs-
zeit und die eintretende Nacht macht
immer merckliche Epoche, daß ein
Mensch der hier <u>lebt</u> nicht irre
irre werden kann.
Man würde dem Volck sehr viel nehmen
wenn man ihm den deutschen Zeiger auf-
zwänge, oder vielmehr man kann und soll
dem Volck nichts nehmen was so intim
mit seiner Natur verwebt ist.
Anderthalb Stunden, eine Stunde vor Nacht
fängt der Adel an auszufahren. Es
geht auf den Bra die lange breite Strase
nach der Porta nuova zu, das Thor hinaus
an der Stadt hin, und wie es Nacht
schlägt kehrt alles um, theils fahren
sie an die Kirchen das Ave maria della
sera zu beten, theils halten sie auf
dem Bra und lassen sich da die Damen
die Cour machen von den Cavaliers, die an

die Kutscher trotten und das Wenige dann
sie einen Urtheile, ich sehe es an wie abgemarter-
tet bis sie wieder oder. Die Frischgänger
bleiben aber bis weit in die Nacht.
Ich hatte aber gemeint und der Mond
der gelacht hat, der aber es schwindlig mir
lebendiger und munterer Anblick.

Schilderung.

Es donnerte blitzte und regnete völlig-
gewölbt Wunder denn aber es wird
schön heiter. Uebrigens beklagen sie
sich hier auch über einen üblen Sommer.
Sie mögen ihn nicht so viel gehabt
haben als andere Jahre aber ich mache
mich, sie sind höchst unleidlich. Weil
sie das guten zuletzt sind alles in Schön
und Wärmezeit und leichten Kleidern
freuen künftig so fluchen und schelten
sie auch gleich über ein wenig Wind
und Regen, über den wir uns erfreuen

würden wenn er so stürzen könne.
Ich habe bemerkt daß sich nach dem
Regen bald die Wolken gegen das
Tyroler Gebirg wenden und dort
hängen bleiben auch wird es nicht
genug windig sein. das Zieht nun
alles Nordwärts, und wird auch kalte
und kalte Tage machen.
Hierauf kommen wahrscheinlich die Wo
d Regen nach dem [illegible], oder
nach heiterem *Mann und so geht es
weiter wie ich ausführlich bei ihm
vorhergehenden gemeldet.

Noch benenn ich dir

die Schönheit der Porta del Pallio von
aussen.

das dunkle Altarblat der Kirche des
heil. Georg, ~~nicht~~ das Altarblat des
Veron. eines wohlbehaglichen lesenden
Heiligen.

das Krabbeln der Eidexen auf den
Mauern des Amphitheaters in der
Abendsonne.

Ich habe Stunden gedacht wie deutlich
ich dir die Italiänische Uhr machen wollte
und habe meine Methode wie mich dünckt die
beste. Hier das Bild ist der Zirckel wärs und
die Tabelle unten wird noch besser
als meine Beschreibung und Worte
in der Zukunft dienen.

21

Verzeichniß der mitgenommenen Steine.

Verona

26 Weißer Veronesischer Marmor

27 Bronzino.

28 Kleiner Kalkstein aus dem sie Statuen arbeiten

29. Basalt Geschiebe.

Vicenz

0 Erde vom Monte Berico.

1 Kalksteine daher.

2. Kalksteine woraus sie in Vicenz schöne Platten arbeiten.

3. Kalkstein den sie nach beliebigen Formen und zuschneiden.

4. Basalt aus dem sie schöne Platten hauen die Hallen zu pflastern und mit dessen kleinen Stücken sonst gepflastert wird.

5 Feine Erde die sie auch zu Platten und hauen.

22

Vicenz d. 19. Sept.

Vor einigen Stunden bin ich hier angekommen und habe schon die Stadt durchlaufen, das Olympische Theater und die Gebäude des Palladio gesehen. Von der Bibliothek kannst du sie in Kupfer haben also sag ich nichts nenne ich nichts, als nur im allgemeinen.

Wenn man diese Werke nicht gegenwärtig sieht, hat man doch keinen Begriff davon. Palladio ist ein recht innerlich und von innen heraus großer Mensch gewesen.

Die größte Schwierigkeit ist immer die Säulenordnungen in der bürgerlichen Baukunst zu brauchen. Säulen und Mauern zu verbinden, ist ohne Unschicklichkeit beynahe unmöglich, davon mündlich mehr. Aber wie er das durcheinander gearbeitet hat, wie er durch die Gegenwart seiner Werke imponirt und vergessen macht daß

ne Ungeheure sind. Es ist würcklich
etwas göttliches in seinen Anlagen
völlig die Force des grosen Dichters
der aus Wahrheit und Lüge ein
drittes bildet das uns bezaubert.

Das Olympische Theater ist, wie du
vielleicht weißt, ein Theater der Alten
realisirt. Es ist unaussprechlich
schön. Aber als Theater, gegen uns-
rigen, kommt es mir vor wie ein
ein vornehmes, reiches, wohlge-
bildetes Kind, gegen einen klugen
Kaufmann der weder so vornehm
so reich, noch so wohlgebildet ist,
aber besser weiß was er mit
seinen Mitteln anfangen kann.

Wenn man nun hier neben das enge
schmutzige Bedürfniß der Menschen
sieht, und wie meist die Anlagen
über die Kräfte der Unternehmer

wenn und wie wenig diese köstlichen
Monumente eines Menschengeistes
zu dem Leben der übrigen gehen;
so fällt einem doch ein daß es im
moralischen eben so ist. dann ver-
dient man wenig Dank von den
Menschen, wenn man ihr innres
Bedürfniß erheben, ihnen von sich
selbst eine große Idee geben, ihnen
das herrliche eines großen wahren
Daseyns fühlen machen will (: und
das thun hinlänglich die Werke
des Palladio in hohem Grade :) aber
wenn man die Vögel belügt, ihnen
Mährgen erzählt, ihnen vom Tag zum
andern forthilft, dann ist man ihr
Mann und darum sind so viele Kirchen
zu Stande gekommen, weil von da-
her für das Bedürfniß der Sterblichen
am besten gesorgt wird. Ich sage

L

als nicht an meine Freunde sandte
geschätzt, ich sage nur daß sie sehr
schön sind und daß man sich nicht ver-
wundern muß wenn alles ihr ver-
ehrt.
Wobei sich die Capelle des Hospitals
neben einem alten mit englischen
Fenstern versehenen Castellähnlichen
Gebäude ausnimmt, das er sich
gänzlich geschmackvoll dem Scheine ange-
passt hat, läßt sich nicht be-
schreiben.
Der Weg über Marienkirchen ist sehr ange-
nehm, man fährt ~~mindestens~~ Nordostwärts
an den Gebirgen hin und hat die Norder-
berge, die aus Kalk, Sand, Eisen, Mergel
bestehen immer linker Hand, auf dem
Wege die hier bilden einige Orte, Schloß
Kapellen die man erblickt, die erste Klein
Kirchen durch die man fährt. Der gerade, gut un-
terhaltene, breite Weg ist ~~auf beyden~~ ge-
durch fruchtbares Feld, an Häusern vor-

bäumen sind die Palmen in die Höhe gezogen,
aber denen sie jetzt [illegible] die Zweige,
herunter fallen. Hier kann man sich
ein Bild von Zustand bilden. Die Trau-
ben sind zeitig und beschwerten die Ranken,
die lang und schwebend herunter hängen,
der Weg ist voll Menschen aller Art und
Gewerbes, besonders freuten mich die
Wagen, die mit 4 Ochsen bespannt, große
Kufen führen, in denen die Weintrauben
aus den Weingärten geholt und ge-
stampft werden, es standen meist die
Buben darin und es sah einem beißigen
Triumphwagen vollkommen gleich.
Zwischen den Weinreihen ist der Boden
mit allerlei Arten hiesigen Getreides
besonders türkisch Korn und des Sorgo be-
mäht
baut. Wenn man gegen Mittag kommt
[illegible] Hügel von Nord nach
Süden, schließen die Ebne, und Mittag
liegt an ihren Füßen, und wenn man still
in einem Winkel den sie bilden.
... sind kultivirt

d. 20. Sept. Abends 8 1/2
hiesigen Zeit. 1 1/2

Gestern war Oper, sie dauerte bis nach Mitternacht und ich sehnte mich zu Bette. Das Sujet ist aus den drei Sultaninnen und der Entführung aus dem Serail mit wenig Klugheit zusammengeflickt, die Musik hört sich angenehm an, ist aber wahrscheinlich von einem Liebhaber, und es ist kein neuer Gedanke der mich fesselte im ganzen Stück. Die Ballettgruppen sind allerliebst, ich habe oft an Bräunen gedacht und ihm den Platz gewünscht. Das Hauptpaar tanzte eine Allemande wie man nichts zierlicheres sehen kann. Die Sucht ist hier noch nicht so verbreitet, es wird uns besser kommen. Die kommende Woche wird ich für meinen Geschäften fort gekommen habe. Das neue Theater ist recht schön, und ist prächtiger als es eine Stadt

gezeichnet, und die Züge des Capitan
grande hat einen etwas [illegible]
Ueberhang oder herübergeschlagenen Gesicht.
Die erste [illegible] wird von ganzen
Felde fast begünstigt. Ueber sie [illegible]
Seite wird [illegible] gestellt und
die Vögel stellen sich oft sehr fremden.
ganz ungebändigt, wenn sie etwas
recht gut macht, das ist oft geschichtlich.
Es ist ein gutes Wesen, hübsche Figur
schöne Stimme, ein gefälliges Gesicht,
einen recht hellen Verstand; nur den
Namen könnte sie etwas mehr
Grazie haben.
Heute komme ich doch nicht wieder. Ich
führ denn doch daß ich zum Vogel wieder-
ben bin.
Abzugeben hab ich heute wieder an den
Holländischen Werken geschrieben. Ich komme
auch schwerlich nicht weg, das hab ich schon
im Laufe des Briefes angegeben. Ich habe

ohne dieß an der Iphigenie viel zu thun
und sie abzuschreiben. Was ich da
thue ist mir, und besser hier als wo
ich ~~noch~~ mehr in Lärm und Tumult ver-
wickelt würde.
Die Vicentiner muß ich loben daß
man bey ihnen die Vorrechte einer
großen Stadt genießt, sie sehen
einen nicht an, man mag machen
was man will, sind aber übri-
gens gesprächig, gefällig pp.
besonders wollen mir die Frauen sehr
wohlgefallen. Die Veroneserinnen
will ich nicht schelten, sie haben eine
gute Bildung, vorgebaute Gesichter
aber sie meistens blaß, und der Zen-
dal thut ihnen Schaden weil man
unter der schönen Tracht auch was
schönes sucht.
Hier aber find ich gar viel hübsche
Wesen, besonders die schwarzköpfigen

haben ein eigen Interesse für mich, es
giebt auch ein blonde Art die mir
aber nicht behagen wolte.
Was mir wohlgefällt, ist ein freyes
allgemeines Betragen, weil alles
immer unterm freyen Himmel ist
und sich herumtreibt, wird man ei-
nander so gewohnt. Heut in der
Kirche Madonna del Monte hat ich
ein artig Begegniß, kann es aber
nicht fortsetzen.
Heut Abend ging ich nach Sonnenuntergang,
den bis es ganz Nacht war auf dem
Platze hin und wieder. Die Basili-
ka ist und bleibt ein herrliches Werk
man kann sich's nicht dencken wenn
man's nicht in der Natur gesehen
hat, auch die kleine Säulen der Halle
des Capitan sind unendlich schön.
Der Platz hat zwischen den Ge-
bäuden nur 40 Schritt breite und

und sie nehmen sich nur desto herrlicher
aus. Davon einmal mündlich, denn es
ist alles in Kupfer gestochen deßhalb nicht
deutlich beschreiben und niemand einen
als leicht. Ich schicke dir auch zwey
Büchlein mit, aus denen du dich er-
kennen kannst.
Auch hab ich heute die berühmte Roton-
da, das Landhaus des Marchese Capra
gesehen, hier konnte der Baumeister
machen was er wollte und er hat's
beynahe ein wenig zu toll gemacht
doch hab ich auch hier sein herrliches
Genie zu bewundern Gelegenheit
gefunden. Er hat es so gemacht
um die Gegend zu zieren, von
weitem nimmt sichs ganz köstlich
aus, in der Nähe haben ich einige
unterschiedliche Vergnügen.
Wollte Gott Palladio hätte einen Plan
zur Madonna del Monte gemacht und

27

Christen Tempeln hätten ihn ausgeputzt
so würden wir was sehen, von dem
wir jetzt keinen Begriff haben.

Nun ein Wort von den Landhäusern.
die Rotonde liegt wie so ein Gebäude
liegen darf, die Aussicht ist unendlich
schön ich mag auch die nicht beschreiben.
Vicenz überhaupt liegt ganz herrlich
und ich möchte wohl eine Zeitlang
hier bleiben, aber freylich nicht im
Wirthshause, aber gut eingerichtet
irgendwo und sich dann recht bey-
lassen, die Luft ist herrlich und
gesund.

d. 21. Abends.

Ich habe heute den alten Baumeister Sca-
mozzi besucht der des Palladio Gebäude
herausgegeben und ein gar braver Mann ist.
Er gab mir einige Anleitung. Ich werde
morgen aufs Land fahren, ein Landhaus
des ~~Mr~~ Conte Tiene zu sehen.

Du erinnerst dich vielleicht daß unter
den Gebäuden des Palladio eins ist das
la Casa di Palladio genannt wird, ich
hatte immer eine besondre Vorliebe
dafür; aber in der Nähe ist es noch weit
mehr, ist es erst was man sich gar
nicht abwesend dencken kann. Wenn
ich komme wird unter viel Andrem Zeich-
nungen es nicht gleich Aufsehens machen
und ich meine humilem personam nicht
compromittirte; so ließ ich es zeichnen
und illuminiren wie es dasteht mit
einigen Nachbarhäusern.
Ich gehe nur immer herum und herum
und sehe und übe mein Aug und meinen
Sinn. Auch bin ich wohl
und bey glücklichem Humor. Meine
Bemerckungen über Menschen, Volck,
Staat, Regierung, Natur, Kunst, Ge-
brauch, Geschichte gehe immer fort
und ohne daß ich im mindsten auf ge-

28

stimmt hier hab ich den schönsten Genuß
und gute Betrachtung. Du weißt das
die Gegenwart der Dinge zu mir spricht
und ich bin den ganzen Tag in meinem Ge-
spräche mit den Dingen. Ich habe beste-
mählich. Den reichen Reiz der heiligen
Gegend, schon aber Tyrol her, kann ich
nicht ertragen; ich treibe ihn und
viel Liebhaber wie der heil. Ludwig,
und schade daß ich zum heiligen zu
alt bin.
Heute hab ich auch den Dr. Zuccar besucht.
Welcher fünf Jahre fort in Sich mit Italien
nach Studium der Botanik gelegt,
ein Herbarium von der Flora Italica
gesammelt, unter dem vorigen Bischof
einen botanischen Garten angelegt.
Das ist aber alles hin; die Medicinische
Praxis vertrieb die Naturgeschichte, das
Herbarium wird von Würmern ge-
fressen, der Bischof ist todt und der

botanischer Garten ist artig, aber
billig, mit Kohl u. Knoblauch be
pflanzt. Dr. Turra ist ein gar fei
ner guter Mann, er erzählte
mir mit Offenherzigkeit, Rein-
heit u. Bescheidenheit seine Ge-
schichte, scheint überhaupt recht
sehr bestimmt u. gefällig, doch
hatte er nicht Lust seine Schrän
ke aufzumachen, war bald fertig
u. ließ mich gehn.
Gegen Abend ging ich wieder zur
Rotonda die eine halbe Stunde von
der Stadt liegt, dann zur Madon
del Monte u. schlenderte durch
die Hallen herunt, wieder auf den
vielgeliebten Platz, kaufte mir
für 3 Soldi ein Pfund Trauben,
verzehrte sie unter den Säulen
gegangen des Palladio u. schlich
mich heim als es dunkel u. kühl

zu werden anfing.

Heut Abend ist wieder Oper ich kann mich aber nicht entschließen die Oper noch einmal zu leiden, ob ich gleich die Ballette die heute verändert sind recht gerne sähe.

Jetzt wollen wir die Nacht zum Schlafen verwenden um den morgenden Tag desto besser zu nutzen.

Hier die Inschriften der Rotunda wie sie an den vier Fronten stehn.

Marcus Capra Gabrielis F.
Qui aedes has arctissimo primogeni-
turae gradui subjecit.
Una cum omnibus censibus agris vallibus
et collibus citra viam magnam
Memoriae perpetuae mandans haec dum
sustinet ac abstinet.

Das Ganze, besonders der Schluß ein herrlicher Text zu künftigen Unterredungen.

d. 22ten S.

Noch immer in Vicenz und bleibe noch einige Tage hier. Wenn ich ganz meinem Geiste folgen dürfte, legt ich mich einen Monat hierher, machte bey dem alten Scamozzi einen schnellen Curs der Architectur und gienge dann wohl ausgestattet weiter. Das ist aber für meinen Plan zu ausschweifend. Drum wollen wir auch weiter fort.

Heute früh war ich in Tiene das nordwärts gegen das Gebirge liegt und wo ein neu Gebäude nach einem alten Riße aufgeführt wird, ein trefflich Werck, bis auf weniges was ich zu erinnern hätte. Es liegt ganz trefflich, in einer großen Plaine, die Kalck Alpen ohne zwischen Gebirg hinter sich. Vom Schloße her an der geraden Chaussee hin, fließt zu beyden Seiten leben-

dieses Wesen und verwüstet die weißen
Kirchhallen durch die neue Kirche.
Heute Abend war ich in einer Ver-
sammlung welche die Akademie der
Olympier hielt. Ein Spielwerck
aber ein recht gutes, es erhält noch
ein bißchen Salz und Leben unter
den Leuten.
Der Saal ist neben dem Theater des
Palladius, anständig, wohl erleuch-
tet der Capitan und ein Theil des
Adels war zugegen. Übrigens
ein Publikum aus den obern
Ständen, viele Geistliche, ohngefähr
500.
Der Präsident hatte die Frage auf-
gegeben: ob Erfindung oder Nach-
ahmung den schönen Künsten mehr
Vortheil gebracht habe? Der Einfall war
wenn man die beyden trennt und so

fängt, man findet Höfe hinüber und
herüber wandern kann. Auch haben
sich die hi. Akademiker dieser Gelegen-
heit ordentlich bedient und in Fres-
ko und Statuen mancherley ange-
bracht, worunter viel Gutes und wo-
von übertüncht und ist doch ein be-
ständig Publikum. Die Zuhörer
wünschen Brote, Absichten, Geschich-
ten der neuen Nation und meine
Sprache. Wenn ich wollte hier toll
machen.
Ich kaufte heute den Palladio
von alten Editionen, und einer
hatte den guten Einfalle zu
sagen die andern hatten ihm den
Palladio weggenommen er wollte
den Franzosen schenken sie ein großes
Freundschaftsstück und fing mir den
zu zeigen was die Verschönerung

der Kenner und Harmonie Musik
ihre Meinung für Vorstellungen ge-
bracht habe. Die Menschen werden
daß es viel Gelächter gibt.
Aber heute [illegible] die; die für
die Vorstellung gekommen, weil
Vorstellung es hinglaublich die [illegible]
Theil [illegible]. Einmal gab das
Publikum, mit großem Händeklatschen,
einem recht groben Burschen beim
[illegible] Beyfall. Hier der [illegible]
die Erfindung [illegible] recht
guten Sachen, die aber gerade nicht bemerkt werden.
Mich freuet es sehr auch das gesehen
zu haben. Es geht mir alles gut.
und den [illegible] noch so viel Zeit
[illegible] keinen [illegible] ein
Brief [illegible] zu lesen ist doch schön
[illegible] Gedanke [illegible] und [illegible]

* denn sie sagten beide Dinge die der
[illegible] werden kann.

Ich habe nun auch die zierlichen Italiä-
nischen Städte gesehen, Triester Städte
so nun nicht geschrieben, freilich Städte ich
aber ich und habe auch sonst mit
keinem Menschen gesprochen als
ich kenne meine Italiener schon
gut. Sie sind wie die Schlauheit
die Leichtsinn nicht Stück der Welt
halten und bey zierlichen Menschen
die sie haben, sich Consequenzt
und bequem einbilden können.
Überhaupt aber ein recht gute Natu-
ren nicht und die Kinder und
die gemeinen Leute sehe, wie ich
sie jetzt sehe und sehen kann, da
ich ihnen immer ausgesetzt bin
und mich ihnen ausgesetzt.
Wenn ich zurückkomme sollst du
die besten Schilderungen haben.
Und was das für Figuren für
Gesichter sind.

Ich war ganz willens [illegible] oder
Stimmung dem [illegible] zum Unter-
land zu geben. Als es jetzt schon
allen [illegible] Stimmung, ich muß
noch denn einige Tage länger
hier bleiben. Liebe Mutter! Ich
hatte heut Abend Besuch(?), aber
was ich besser [illegible] erzählt.
finden [illegible] und alles
ist freundlich.

d. 23. V.

Ich glaube noch immer fremd(?), denn die
[illegible] nicht [illegible], wie natürlich, [illegible]
lich macht. Von Gebäuden nichts weiter.
[illegible] wie die [illegible] zusammen [illegible]
dann gar viel.
Schönes Wetter diese Tage her, heute
bedeckt und kühl, doch keine strenge
Kälte die man im Norden leidet.
Ich schreibe nun an meinem [illegible]
ab, das nimmt mir manche Stunde
und doch gibt mir unter dem fremden

Welche unter diesen neuen Gegenständen mir gestern das Eigenthümlichste und mir Merkwürdigste ist die Matrosen.

Meine ergebenste Zueignung an das deutsche Publikum werde ich gern über und mehr nun immer, sobald die Schrift fertig ist.

Die Frauen tragen sich hier [illegible] ein weißes Tuch, das der [illegible] über den Kopf geschlagen und welches in einem Schleyer [illegible], steht den Gesichtern nicht gut, wie ich auch nicht [illegible] wenn es nicht gut Gründe gewiß werden soll. Wenn man nach der Zeit des Gottesdienstes in eine dunkle Kirche kommt und so eine Menge [illegible] frommen [illegible] sitzen oder knien, [illegible] Gestalten [illegible] gewahr wird.

Die Art der gewöhnlichen frommen [illegible] sich des Herrn gedenkend zu [illegible] und die Züge zu [illegible] ist eine [illegible]

33

Wirtschaft der Eltern schädlich;
die Haare gehen mehr und die Stirn.
der Hals wird breit.
Die Weiber tragen an einem Bügel
oder Bogen von schwankendem
Holz, Kübel, Eimer, wie Sie
gut tragen haben.

Sie können sich aber gar bequem machen,
indem Sie, wenn es schwere Sachen
sind, auch zugleich die Henkel
mit den Händen festhalten können,
wie obenstehende Figur andeutet.
Das Volk selbst ist gewöhnlich von Grund
aus gut, ich habe nur die Kinder an
und gebe mich mit ihnen ab, auch mit
den alten. In meiner Figur u. zu der
ich noch keinen Vorstellungsbogen zu

tragen, gegen Liebenden ich glaube wie
zu Stürmen niedriger werden. Alle
ich mich auch an den Markt unter sie
werde über jeden Anlass, freye sie
sehe oder bei sich unter einander
gebunden, und kann ihre Natür-
lichkeit, freyen Muth, gute Art
nicht genug loben. Von allem
Andern in der Folge mehr und oder
und mit dem was man von ihr
Anglist, Misstrauen, Falschheit, ge-
beßer
Gemütlichkeit zu sammen.
Häuslich ängstlich, wenn wir sie
nicht mehr gesehen haben.
Ich bin recht wohl und munter, nur
gegen Abend muß ich mich in Acht
nehmen, da bin ich ein klein wenig
traurig worden und die Sehnsucht
nach dir, nach Freytag, Sonntag, ewig
eine halbe Stunde Theilnehmend
Paula nimmt überhand. Ich lass
sie aber nicht aufkommen, beschäft.
mich und so geht es vorüber.

d. 24. S.

Es geht immer den alten Weg. Heute sind
an der Iphig. gearbeitet und ich hoffe sie
soll auch kennen daß sie unter diesem
Himmel reif geworden, als man den
ganzen Tag nicht an seinen Körper denckt
sondern als es einem gleich wohl ist.
Gestern ging ich mit dem Kind in die
Dörfer auf dem Campo Marzo und sah
am Berge gegenüber mit ihren gar
artigen Gegenständen, ich zeichnete sie
geschwind auf ein Blätchen und hinten
eingeheftet. Blat des Büchls und die an-
siehst sie mit diesem. Viele hundert
u tausend solcher Blätter u Blätchen
könnte man im Bezirck einer Stunde
hier zeichnen, ich darf mich nur jetzt
nicht drauf einlassen.
Heute besucht ich die Villa Valmarana die
Tiepolo dekorirt und allen seinen
Tugenden und Fehlern freyen Lauf
gelassen hat. Der hohe Styl gelang

ihm nicht wie der natürliche, und in
diesem letzten sind köstliche Sachen
da, im Ganzen aber als Litteratur
zu kurz und breit.
An der Ausstellung geh ich denn immer
so hin, mit meinem halbsteifen u.
schwächsten [illegible] und sehe etwas
flüchtig hastig und viel, indem ich
wollen wie damit [illegible] [illegible]
und nur breit aufsammeln. Die
Hauptsache ist daß alle diese Gegen-
stände, die nun schon über 30 Jahre
auf meinen Zimmern [illegible] abwechselnd
haben und also alle zu sehr [illegible],
nun in den ordentlichen Rahmen
und Schmuck von der Vergoldung
[illegible] gestimmt worden.
Ich habe sehr dürr und halte mich
ruhig, damit die Gegenstände keine
ersehnte Farbe finden, sondern die
Farbe ersehnen. Im letzten Falle

35.

ist man dem Gedanken wieder [illegible]
ausgesetzt als im ersten. Und denn
kann ich mich dir zu schreiben, als
ich mich freue über den Gegenstand
mit dir zu sprechen und meine Gefühle.
[illegible] alles, da die Ferne zugeschieden
wird ich ihr immer in der Nähe zu
erzählen hatte. Denn macht es
und auch einen frohen Gedanken
daß die das Gegenwärtige und
noch mehr die entfernten Gegenstand
haben kannst.
Doch muß man auf alle Fälle wieder
und wieder sehen, wenn man einen
reinen Eindruck der Gegenstände
genießen will. Es ist ein beson-
der bekannt Ding um den ersten Ein-
druck, er ist immer ein Gemisch von
Ueberraschung und Lust ein schönes Ganzes.
ich kann noch nicht recht [illegible]
wie es damit ist.

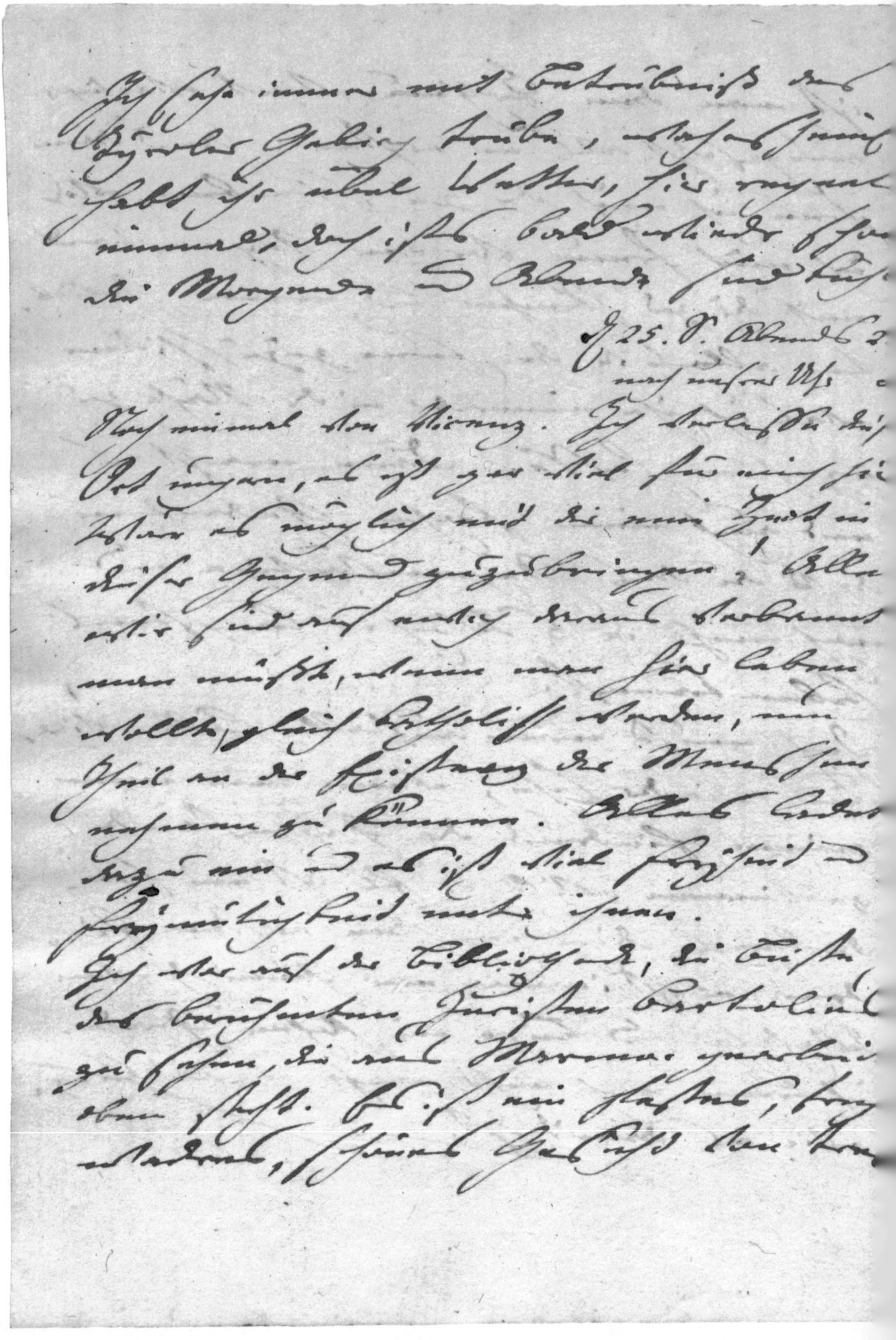

liche Bildung und freut mich auch diese Gestalt in der Nähe zu besitzen.

Bey den Dominicanern steht eine antike Statue die als Iphigenia genannt ist. Es ist aber völlig die Idee der Vestalinnen deren wir eine große und kleine im Abguß besitzen. Weil die Hände weg-gebrochen und in das Gewand eingewickelt sind; so haben diese Statuen weniger gelitten, der Kopf ist aber neu und viel zu groß.

Noch einige Gebäude hab ich besehen und mein Auge fängt sich gut an zu bilden, ich habe nun Muth dem mechanischen der Kunst näher zu treten. Was mich freut ist daß keine von meinen alten Grundideen verrückt und ver-ändert wird, es bestimmt sich nur alles mehr, entwickelt sich und wächst mir entgegen.

Ich war noch einmal auf dem Berge der Madonna. Das Cabinet einiges der PP. Serviten hat Vieles aber nicht viel.

über einem kalten feinen Zimmer aber
ist ein Anblick, die man mit keinem be-
trachten kann. In der Höhe, in der soge-
nannten Foresteria wo die einzelnen
Fremde beherbergt werden ist hin und
[illegible] da hat man auch Wien und
die Tyroler Gebirge.
Wenn man wieder herunter steigt
hat man einen Hügel zur linken
Seite der Abtei ist, ganz steil und der
auf dem Gipfel mit Reben ange-
legt ist, einige große Trauben
stehen auf der und oben schließt
ein Kreuz Eingezäunten. Ich habe
ihn diese acht Tage fast immer mit
Freuden angesehen.
Übrigens gefallen mir die Bene-
diktiner immer sehr wohl; sie haben
eine gewisse Art Gemütlichkeit, die in
einem immer öffentlichen Leben
hervorkommt. Auch gehts von einem
zum andern Kirchen, Markt, Spazier-
gang, Gesellschaft, [illegible] die
nannte zur Mutter Gottes :) Ihr

öffentliche Stadttheater, Concertsal pp.
und das weibliche Geschlecht ist im
durchschnitte schön, und haben so etwas
Eigenthümliches an sich sie, sind durchaus
reinlich gekleidet. Ich habe sie alle
recht scharf angesehen und in dieser
acht Tagen nicht mehr als sieben ge-
sehen, denn da ich gewöhnlich gegen Mit-
tag daß ihre Kleider frei sind.
Auch die Männer finde ich höflich und zuvor-
kommend. Ich trat in einen Buchladen
und fragte den Mann nach einem Buche,
und da er sich nicht gleich besinnt, ob
seinem Vorrathe [illegible] denn gelehr-
Fremde ferner geistliche Anstalten.
ferner schickt gleich nach dem Buch-
händler zu andern an, selbst ihm und
mir zu suchen und war selbst genug
gerade so, als wenn meine Sache begange-
nen und ohne Vortheil.
Das hab ich an ihnen bemerkt. Sie sehen
einen von Kopf bis zu Füßen an, und
scheinen einen kräftig Schönheitsgemäßen
Kleiderblick zu haben. Nun ist mein

Habe sie mit den Schwingern immer ge-
macht, auf denen sie mich nimmermehr
für einen Gentleman halten können.
Übrigens betrug ich mich gegen sie
artig, höflich, gesetzt und kann mich
nur so kurz ohne sichtbar erkannt zu
werden herumgetrieben. Wie lange
es währen wird.
Ich kann dir nicht sagen wie ich b[illegible]
die kurze Zeit in Menschlichkeit
zugekommen habe. Wie ich aber ganz
fühlte wie[illegible] weil in den kleinen
Kinderspielen Werten für elende
nützlichen Menschen sagen musste
wahl man, und besonders in meine
Lage, selbst mit niemand reden darf
als der mich nicht sehen wollte und möchte
den Wunsch der Geselligkeit, habe ich
mir so sehr gewünscht und die Stunden
die meinigen wieder zu sehen, wie die
Erwartung, wie so lebhaft.
Die Gebäude habe ich wieder und wieder
besehen und begangen.

bey den Dominikanern gefiel mir an
dem Bilde der Anbetung der 3 Könige,
der unschuldige, obgleich nicht christliche
erhabne Gedancke, daß sich das
Kindlein vor dem Alten fürchtet,
der es kniend verehrt, und ein ängstlich
Mäulgen zieht.
Der Kirchen und Altarblätter bringt
man so viel daß man manches
Gute übersieht und ich bin nur ein
Anfänger.
Hier will ich eine Bemerkung herschreiben,
über den Grund, in dem so manche
Reisende fehlen, in dem ich auch
sonst gefehlt habe.
Jeder denckt doch eigentlich für sein
Geld auf der Reise zu genießen.
Er erwartet alle die Gegenstände
über denen er so viel hat reden
hören, nicht zu finden, wie der Himmel
und die Umstände wollen, sondern
so rein wie sie in seiner Imaginatio

stehen u. hast nichts findet u.
sie, hast nichts kann u. sie gewinnen
hier ist alles zerstört, hier alles
angebaut, hier schändet, hier ruht
hier ist Ohnmacht so sie in dem lebendig
schaffen, mit den Menschen ist.
Der Gewinn auf meiner Reise
ist also nur ihr ein hohes als
ein abstractes Gewinn, ich musste
die Unbequemlichkeiten, Leiden u.
Widrigkeiten, das alles mit mir
nicht scheuen, aber ich muss u.
werde, alles muss ich lang suchen
bringen, in dem Künstlerische u.
den Gedanken des Künstlers,
die erste Ausführung, das Leben
der ersten Hand der das lebende
entstand schauend schaffen u. er
wieder dann in meinen Werken
bringen, abgeschieden von allem
aus der Zeit, die alles umher

39

erfahren ist und die Aussicht der
Berge voraus genossen haben. Denn
hab ich einen reinen Glückbewußt-
Genuß und nur des Verlustes. Denn
bin ich gewiß, nicht nur den
Augenblicklichen Wechselzustand oder
Abschied ertragen. Mit der Betrachtung
und dem Genuß der Natur ist es aber
das. Empfinde man aber auch ein-
mal zusammen was alles geht,
denn ist ein großer Gesichtspunkt,
ich habe solche Augenblicke gehabt.
Ich schreibe dir aber immer bisher
wohl ich dachte daß an die Freunde
machen würde. Alles wird sich
besser und bestimmter sagen lassen.
Mein ganzes Gemüth ist bey und
mit dir und meine beste Hoffnung
ist dich wieder zu sehen.

Teplitz [?] d. 26 Abends.

Du kannst meinen Dank [?] denken daß ich dir bey einbrechender Nacht schreibe, denn der [illegible] meine Gegenwart vollbracht.

In vier Stunden bin ich von [illegible] heute früh herüber gefahren. Ich hab [?] gewöhnlich auf ein niedliches Schäischen [?] /:Sediola:/ mit meinem ganzen Geiste [?] gewandt [?]. Man fährt sonst bequem in dritthalb Stunden, da ich aber den köstlichsten Tag ganz unter freyem Himmel genoß oder ob mir lieb auch der ~~Postillion seine~~ Wetterie [?] seine Schuldigkeit nicht that. — Er hielt immer in der schönsten Gegend [?] und erholte [?], wenn fast wenig [illegible] ~~liest man~~ über [?] meinen geliebten Gedanken und Träumen hinlebte. Bis man endlich die schönen Gebirge sehen [?], eine vulkanische Reihe, die von Nord gegen Süden streichen, zu welchen hin [?]

heißt.
Auf dem Wege suchte ich die mir
die Fülle des [illegible] die Schlangen-
rebe Maulbeeren, Hecken, an Bäumen
hinaufe mit einem Blick zugegen
zu kommen. Die Kürbisse auf den
Dächern pp.
Nun denn in [illegible] habe ich
fünf Stunden alles Volckmann
angezeigt meist gesehen; nichts
alles mich recht herzlich gefreut
hätte aber manches des gesehen
zu haben gut ist.
Nunmehr will ich Volckmann folgen
den du im 3. Theil auf der 638. Seite
nachschlagen wirst. Ich nehme an
daß du die Artickel liesest, und ich
mache nur meine Anmerckungen.
S. 639. unfreundliche Felskuppen die [illegible]
der Gebirge dem [illegible] mag [illegible]
[illegible] [illegible], bei Regen mit 6 Pferd.

Meilen von hier ab, und sind nach
unserm Lande hierher versetzt. Sie
mögen auch so alte böse Wetter
in den Fingerspitzen oder Gliedern
unter der Haut der alten Weiber
gespürt haben, ob ich gleich nur
keinen rechten Glauben daran habe.
Bemerkenswerten Hügel kann [illegible]
als die Berge vom Hofe. Die Aussicht
herrlich, ich hoffe bei dem Obser-
vatorio. Gegen Norden die be-
schneiten und in Wolken hüll-
verstreckten Tyroler Gebirge, und
[illegible] gegen Nordost [illegible] die Wieneri-
schen [illegible] Berge [illegible]
und endlich gegen Westen die [illegible]
Gebirge vom Hofe, deren Gestalt
und Vertiefung man durch [illegible]
kommen kann. Gegen Süd und

21

...t mir grünen See oder mein Ufer
den Hochzüng kann man beiden
Lauf an Bach, Schlangung an
Schlängung bis an den fernsten
Horizont, und auch die Grüne sehen
unzählige weiße Häuser, Hüttlein,
Kirchen u.s.w. sehen.
Vom Observatorio kann ich durch
den Tubus ganz deutlich den Mar-
kus Thurm von Venedig und die
andern geringeren Thürme sehen.
641. die Schlacke der Natur als ich
hatte von den Schleifsteinen bey mir ich
habe welche mitgenommen.
...ischer Marmor von welchem gewöhnlich die
Postamenti und der Monumente.
642 Marin von Grotte habe ich nicht
finden können.
Verbesserung oder zu.

p. 642. Vom H. Antonio. Von diesem
barbarischen Gebäude mündlich.
p. 646. Cardinal Bembo. Es ist mir
gut daß man den heiligen Vor-
gebracht hat; so hat man doch ei-
nen guten Ort wo man den ver-
nünftigen u. edlen Menschen auf-
stellen kann. Es ist ein schönes
wenn ich so sagen soll mit Ge-
walt in sich gezogenes Gesicht
u. ein mächtiger Bart. Die Büste
steht zwischen Jonischen Säulen
die mir von dem Grabmal des
Porto in Vicenz /: s. p. 677. :/ nach-
geahmt scheinen. Die Inschrift
ist schön:

Petri Bembi Card. imaginem
Hier. Guirinus Ismeni F.
in publico ponendam curavit
ut cujus Ingenii
monumenta aeterna sint
ejus corporis quoque memoria
ne a posteritate desideretur.

sehr würdige Inschrift dem Manne
der nicht gern in der Bibel las und seinen
lateinischen [illegible], welches freilich
auch von seiner [illegible] nicht
zu verderben.

N. 643. Helena Cornara Wohlgebildet
nicht liebenswürdig, die Hände eine
[illegible] gezeichnet u.s.w.

N. 644 St. Agatha von Ziegler die Geschichte
nicht erhaben als verstümmelt [illegible]
[illegible] Ganz [illegible] gebrochen bildlich
[illegible] eingedrückt. Wenn die Mär-
tyrinnen nur nicht immer die scheußlichen
[illegible] Werkzeuge mit sich schleppten.

647. Erscheinung Jos. von Füger.
Ein recht braves Bild. Immer des
Meisters Manier beobachtet.
[illegible] die Hände der Leiche
haltend mit dem rechten Arm an
seinem Bein, er hält zur Seite

ein Kriegsknecht der ihn [illegible]
[illegible] an der rechten Seite hervor
[illegible] ihm mit Geduld alles [illegible]
aber die [illegible]
[illegible] der Mann [illegible]
in der Höhe steht ein anderer der
den [illegible] hält, hat
aber das [illegible] nicht sondern
mit der Hand [illegible]
einen der sich zu dem [illegible]
[illegible], das [illegible]
[illegible] und der [illegible]
der Gedanke ist neu und die [illegible]
[illegible]
[illegible]

p. 648. <u>Scuola del Santo</u>. Die Bilder
von Tizian [illegible]
der alten Deutschen [illegible] in ihrer
Manier nachkommen. Von der [illegible]
[illegible] der Alpen [illegible]

43

-hat. Eine erstaunende alles über-
-treffende Wahrheit ist drin.
Sie haben mich, wie überhaupt
manche alte Gemälde wied zu denken
gemacht.
No 649. Marter d. heil. Justina von
Paul Vero. Er hat den Fehler
den ich schon in Wien bemerkt-
-e, viel Figuren auf ein Bild
zu bringen und einige oben zu
machen, die haben nun von der
einen Hochaltar scheint kein
Augenmerk der übrigen sucht
Goldmann.
650. Zimmer des Abts ein schön
Bild von Guercin da Cento Trau-
-rigkeit und Freude.
ibid. Ambrosianische Kirche. ist nicht zu
bringen. Alte Schriftsteller, die

Italiänischen Küste. Die Sternwarte
besehen hab ich [illegible] [illegible]. Weil ich
so flüchtig übersah war alles gut
und brauchbar.

ibid. Prato della valle. Sie haben rings
um den Platz ihre berühmten Männer
Bildsäulen gesetzt und auch Particu-
liers erlaubt einem verdienten
Mann aus seiner Familie eine
Statue zu setzen wie die Inschriften
zeigen. Die Messe die hier gehalten
wird ist berühmt.

p. 655 Abnehmung vom Kreuz bei
Bassan recht brav, und so edel
als er etwas machen konnte.

ibid Salone. Wenn man so etwas
nicht gesehen hat glaubt mans
nicht oder kann sichs nicht denken.

p. 659 il Bo ist mir lieb daß ich dar-
inn nichts zu lernen hatte. Man
denkt sich auch diese Schulenge
nicht wenn mans nicht gesehen hat

besonders ist das Anatomische Theater
wunderlich als ein Wunder Werk an-
zusehen. Es ist über alle Beschrei-
bung.
Der botanische Garten ist desto artig-
und munterer, obgleich jetzt nicht in
seiner besten Zeit. Morgen soll
ihm der grösste Theil des Tags ge-
widmet werden. Ich habe heut
[illegible] schon Buch gekauft.
Gute Nacht für heute! Ich habe
[illegible] wie ich konnte um
[illegible] Papier zu bringen.

Padua d. 27. Mittag.

Heute früh ward auch einiges nachgeholt.
Aus dem botanischen Garten vertrieb
mich ein Regen. Ich habe drei schöne
Pflanzen gesehen und die zum Theil einiges
hingelegt. Die fremden Pflanzen bleiben
hier viel im Lande stehen gegen Mauern
angelehnt oder nicht weit davon und
überbauen alsdann das Ganze gegen

Ende Oktobers und früher als die übrigen Wintermonate.

Abends. 27. S.

Wie gewöhnlich meine Liebe wenn das Ave Maria della sera geläutet wird wend ich meine Gedancken zu dir; ob ich mich gleich nicht so ausdrücken darf denn sie sind den ganzen Tag bey dir. Ach daß wir doch recht wüßten was wir an einander haben wenn wir beysammen sind.

Auch hab ich heut die Wercke des Palladio gekauft einen Folio band. Zwar nicht die erste Ausgabe aber einen sehr sorgfältigen Nachdruck den ein Engländer besorgt hat. Das muß man den Engländern lassen daß sie von lange her das Gute zu schätzen gewußt haben. Und daß sie eine vornehme Art haben vornehm zu seyn.

Heute hab ich die Statuen auf dem Platze
nochmals durchgesehen, sie sind meist
von Particuliers und Zünften auch
Fremden gesetzt. So hat der König
von Schweden Gustav Adolphen hin-
setzen lassen, weil man sagt, er
habe einmal in Padua ein Collegium
angehört. der Erzherzog Leopold
den Petrarch und Galiläi. u.s.w.
die Statuen sind auf eine modern-
brave Manier gemacht. Wenige
übermanierirt, einige recht natürlich.
die Innschrifften gefallen mir auch
recht wohl, sie sind lateinisch und
ist nichts abgeschmacktes oder klein-
liches darunter. Päbste und Dogen
stehen an den Eingängen. Es
könnte ein recht schöner Platz werden
wenn sie die hölzerne Buden weg-
schafften und eine von Steinen jen-
seits des Platzes bauen wie der

Ihren Augen hält.

Heute Abend setzte ich mich in die Kirche der hl. Justina die zwar in keinem großen Geschmack aber doch groß und einfach gebaut ist, in einen Winkel und hatte meine stille Betrachtungen. Da fühlte ich mich recht allein, denn kein Mensch auf der Welt der in dem Augenblick an mich gedacht hätte würde mich in diesem Winkel gesucht haben.

Die Stadt ist groß und wenig be-völkert jetzt noch leerer, da die Vakan[z] der Schule sind und der Adel auf dem Lande wohnt. Man muß sich [illegible]

Schöne Bestätigungen meiner bota-nischen Ideen hab ich wieder ge-funden. Es wird gewiß kommen und ich dringe noch weiter. Nur

ists sonderbar und manchmal macht
michs fürchten, daß so gar viel
auf mich gleichsam eindringt dessen
ich mich nicht erwehren kann daß
meine Existenz wie ein Schneeball
wächst, und manchmal, ists als
wenn mein Kopf es nicht fassen
noch ertragen könnte, und doch
entwickelt sich alles von innen
heraus, und ich kann nicht leben
ohne das.

In der Kirche der Eremitaner habe ich
Gemählde von ~~Giotto~~ Mantegna, einem der
ältern Mahler gesehen vor denen
ich erstaunt bin! Was in den Bil-
dern für eine scharfe sichre Gegen-
wart ist läßt sich nicht ausdrücken.
Von dieser ganzen, wahren, (nicht
scheinbaren, effecktlügenden, zur
Imagination sprechenden) derben
reinen, lichten, ausführlichen

gemeinschaftlichen, zarten, und be-
schriebenen Gegenständen, die zu-
gleich ebenso strenge, und richtig,
nachkommen sollte gingen die folgen-
den aber ich gestern bilden den
[illegible] sich und konnten durch die
Erhabenheit ihres Geistes, die
Strenge ihrer Natur, entweichet
dem dem Geiste der Alten immer
höher und höher steigen bis dem
der Erde haben und himmlische ab-
strakte Gestalten hervorbringen
dies ist das die Geschichte der Kunst
und jeder der einzelnen großen
neueren Künstler nach der besten
Zeit.
Die Baukunst steht noch unendlich
weit von mir ab, als ich sonder-
bar oder und allem was in sie
fremd, so entfernt ist, einen und
mir zu sagen. Ich hatte aber [illegible]

das Land überschwemmend in ihren Wohnsitzen
gelassen zu werden.

= Nun wäre ich hier einmal wieder einge-
zelt und morgen früh gehts nach der
Grenze zu Wasser fort. Heute habe
gewogen man ihm wieder aufgestellt
und ich hoffe die [illegible] und die ich-
mehr [illegible] durch den Mann
bey [illegible] [illegible] zu erblicken und
doch nur ihnen Pferde zu begrüßen
jetzt gute Nacht.

48

51.

52.

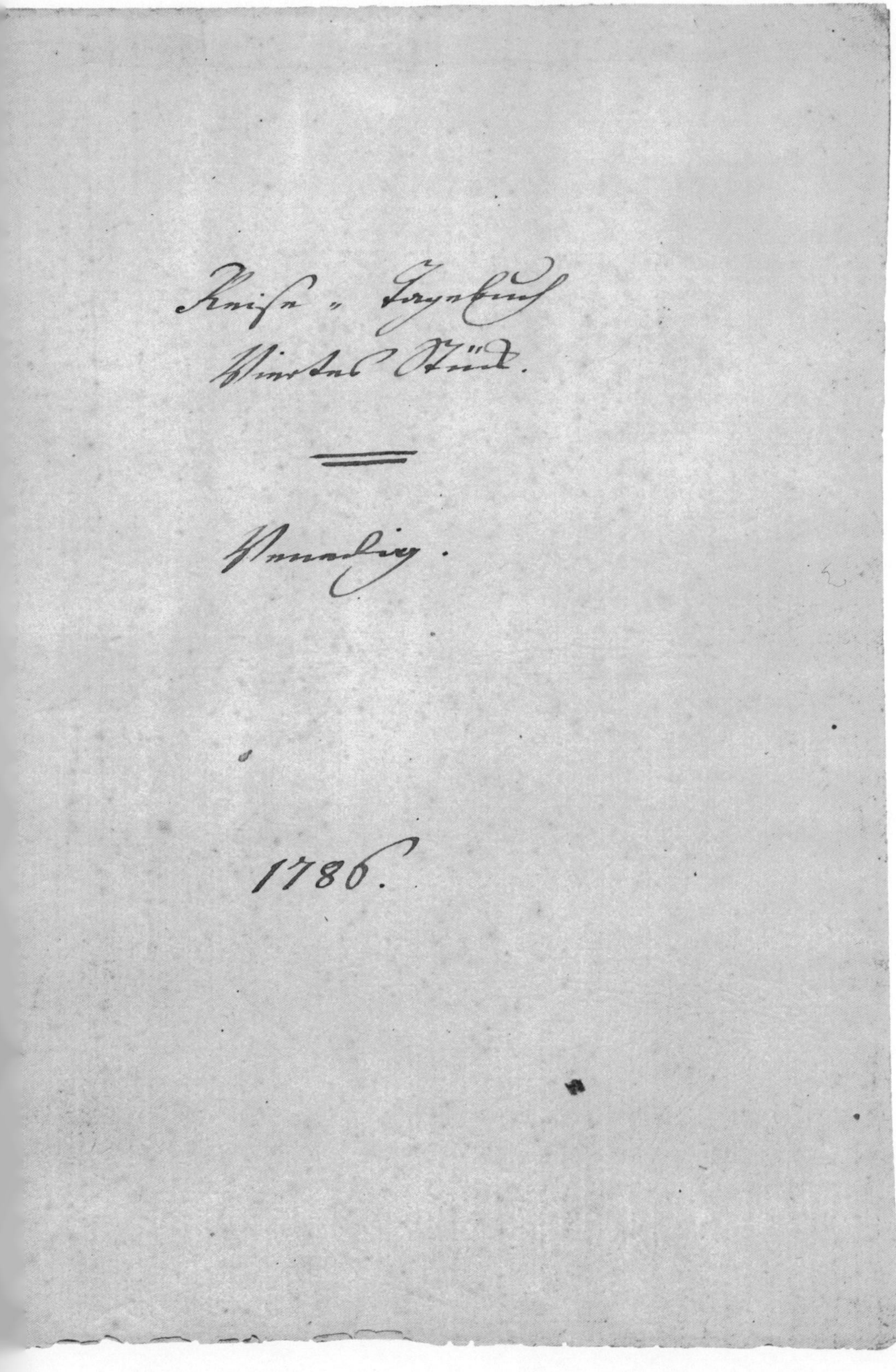

Reise = Tagebuch
Viertes Stück.

Venedig.

1786.

1

Venedig.

So stand es denn in dem Buche des Schicksals auf meinem Blatte geschrieben, daß ich d. 28 Sept. Abends, nach unsrer Uhr um fünfe, Venedig zum erstenmal, aus der Brenta in die Lagunen einfahrend, erblicken und bald darauf diese wunderbare Inselstadt, diese Biber Republick betreten und besuchen sollte. So ist denn auch Gott sey danck Venedig kein blosses Wort mehr für mich, ein Nahme der mich so offt, der ich ein Todfeind von Wortschällen gewesen bin, so offt geängstigt hat.

Als die erste Gondel an das Schiff anfuhr, fiel mir mein erstes Kinderspielzeug ein, an das ich vielleicht in zwanzig Jahren nicht mehr gedacht hatte. Mein Vater hatte ein schönes Gondelmodell von Venedig mitgebracht, er hielt es sehr werth und es ward mir hoch angerechnet wenn ich damit spielen durfte. Die ersten Schnäbel

der Eisenbahn, die schwarzen Gondeln
alles grüßte ich wie eine alte Bekannt-
schaft, die einen lang entbehrten ange-
nehmen Eindruck.
Und da ich mir bloß zu reisen scheine
um dir zu erzählen; so setze ich mich
nun hier, denn es Nacht ist, dir ein
lang vorzuschlagen.
Ich bin gut logirt in der Königin von
England, nicht weit vom Marcusplatz
der größte Vorzug des Quartiers.
Meine Fenster gehen auf einen schönen
Canal, gegenüber schönen hohen Häusern, gleich
unter mir ist eine Brücke und gegen-
über ein Gondel beladenes Geschäftsgewühl.
So sehe ich und so werd ich nun lange
lang bleiben, bis mein Werk für
Deutschland fertig ist und bis ich
mich am Bilde dieser Stadt satt ge-
sehen habe.
Die Einsamkeit nach der ich so oft

[illegible] stell geschmückt haben, denn
Ich mußte gewinnen, wenn mir Ge-
nuß werden ist denn einzig und kann
nur sich meinen Künstlern als ein
so einem Gesichtspunkt, als man genug
unbekannt ist, ich, ich in Venedig ist
vielleicht kein Mensch der mich kennt
und der wird mir nicht begegnen.
Wir hatten herrliches Wetter zu Schiffe
auf der Brenta die der Volkmann p. 636.
gut beschreibt, ich ging mit dem öffent-
lichen Schiffe und kann den Anstand,
die Ordnung einer so gemischten Ge-
sellschaft die mittleren Standes nicht
genug loben. Einige recht hübsche
und artige Weiber und Mädchen
waren darunter. Es wird mir
ungemein leicht mit diesem Volke
zu leben. Ich fahre Venedig nahe ich
und nahm eine Gondel und ließ
führen herum. Es ist großes verständ-
liches Publikum.

Ich eilte auf den Marcus Platz und mein Geist ist nun auch um dieses bild reicher und weiter. Heut Abend schreib ich weiter. Ich werde hier Zeit finden dir meine Gedanken mitzutheilen. Lebe wohl! du meine [illegible] und zärtlich Geliebte.

d. 29 Juli.

Es hatte sich gestern Abend der ganze Himmel überzogen, ich war in Sorgen und mußte Regen erwarten, denn auch die [illegible] verkündigten. Heut ist wieder herrliches Wetter, meine Fenster an der [illegible] und ich ziehe mich nun an und gehe aus. Vorher begrüß ich dich und wünsche dir einen guten Morgen.

[illegible] Abend

Nach einem glücklich und wohl zugebrachten Tage, ist mir's immer eine unaussprechlich süße Empfindung wenn ich mich hinsetze dir zu schreiben. Morgens verließ ich den Markusplatz um [illegible] [illegible]

3

aber die Furcht zurück zu bleiben
trieb mich nach Hause.
Der Wandel ist alles gesagt und
gedruckt was man sagen kann, dem
nur Wenigen wie es mir entgegen
kommt. Die Kunst jeden die sich
nur wenigen hier aufdringt ist unsere
Welt. Große Meister! und nicht
[illegible] [illegible] [illegible]
dieses Geschlecht hat sich dicht zum
Schluß auf diesen Gipfeln geflüchtet,
es war keine [illegible] die andern
trieb sich mit ihnen zu [illegible],
es war Glück [illegible] ihr [illegible]
[illegible] machten, es war Glück
daß sie zu neuer Zeit [illegible] [illegible]
der nach die ganze [illegible] Gestalt in [illegible]
gestorbenen Tag, ihr [illegible] ist
[illegible] der notwendigen Folge.
nun drängte sich immer und immer
Freund und Feind [illegible] zu [illegible] [illegible]

[illegible] ihren Fürsten, ihre Häupter [illegible] die
Lüfte, wie Bäume die geschlossenen [illegible]
sie möchten nicht [illegible] zu gewinnen [illegible]
[illegible] ihnen an Breite abgieng, [illegible]
auch [illegible] Standbreite [illegible]
der Umfassung in [illegible] Stämme gedrän[gt]
[illegible] Bau Gestalten [illegible]
breite [illegible]
und Menschen [illegible]
zu [illegible]
[illegible] Stadt Werke, [illegible]
[illegible] die [illegible]
müßte nun einen Art von Ge-
stalt werden und sie auch Mensch[en]
nun mit sich selbst verglichen
werden kann. Wie dem großen
Bande wohl kein Mensch in der
Gestalt sich vergleichen kann; so
kann dem Kleinen [illegible] dem Men-
schen wohl auch leichtlich an die
Seite gesetzt werden. Der große
Spiegel [illegible]

der neuen Pforte über dem Eingang,
tiefen Wanderung im gelben Mond
aufsteht ist, gegen über die Fenster
des Hauses fest, welches wieder
erfüllt die Gärten und ihren
Grund, auch welche Rauch die
Tagesanbruch die Finsterniß in dem
Grund gewann. Ich blieb auf dem
Platz oben Wanderung den ich tags
zum Vollmondlichte Zimmer zu ziehen und
die Sonnenstunden die ich im Auge
halten können und den ganzen
Fräulein des Hauses. Morgens Abends
den 15. (: Wie ich sehe als unterlassen darüber noch kein Ende giebt:)
Ich habe das Bild mit einem hellen
feinen Auge betrachtet und mich
dieser großen Schöpfung gefreut.
Nach Tische ging ich in Nachmittagsstille
zu schreiben, auch zu lesen und
und wohl auch diesen Tag bereuen, und
die Sonnenuntergänge wandernd

ins Labyrinth der Stadt. Man denkt sich
auch nicht eher es gesehen zu haben. Ge-
wöhnlich kann man die Breite der
Gasse mit ausgestreckten Armen
entweder ganz oder beynahe messen,
in kleinern Gäßchen könnte man
die Arme nicht einmal ausstrecken
Es giebt breitere Straßen, aber jede
verhältnißmäßig alle eng. Ich fand
leicht den Großen Canal u. den
Ponte Rialto. Es ist ein schöner
großer Anblick besonders von der
Brücke herunter, die sich mit einem
Bogen gewölbt in die Höhe hebt.
Der Canal ist gesät voll Schiffe
u. wimmelt von Gondeln, beson-
ders heute da zum Michaels
fest die wohlangezogenen Frauen
zur Kirche wallfahrteten u.
sich übersetzen ließen über [illegible]
Ich habe sehr schöne Geschöpfe be-
gegnet.

5

Nachdem ich müde worden, setzt ich
mich in eine Gondel die engen Gassen
verlassend und fuhr nun den Canal
grande durch, um die Insel der heil. Clara
herum, in die großen Lagunen hinein
den Canal der Giudecca herein,
bis gegen den M. Platz und war
nun auf einmal ein Mitherr
des Adriatischen Meeres, wie jeder
Venetianer sich fühlt, wenn er
sich in seine Gondel legt. Ich
gedachte meines armen Vaters
in Ehren, der nichts besseres wusste
als von diesen Dingen zu erzählen.
Es ist ein großes, respektables Werk
versammelter Menschenkraft, ein
herrliches Monument, nicht eines
Befehlenden sondern eines Volks.
Und wenn ihre Lagunen sich nach
und nach ausfüllen und stinken und
ihr Handel geschwächt wird, und

diese

und ihre Macht geschwunden ist, macht dem
die ganze Anlage des Ungewöhnlichen
ist Wahre nicht und nur einem Kenner
selbst weniger anständig. Alles sie ver-
verliert die Zeit wie ~~alt~~ alles ein
verschwindendes Anhängsel hat.
Thal, Fels, Wolken alles wäre besser
auch worüber man sich nicht ordentl
fehlt, über den Werth und seine Ge-
heimnisse, die ich alle ohne einen
Vergleicher, recht gut zu erklären
wüsste.
Nun einige Bemerkungen nach An-
leitung des Weltumseglers. 3. Theil
p. 509. Die Marktkirche muß in
einem Zustande von die gesehen worden
die Brandt ist jeden Menschen wohl
dergleichen drinnen gelebt oder
getrieben worden sagen mag. #
p. 513 Alte Pferde diese kostbaren Thie-
re sind, wie Schafe die ihren Sta-
tus verloren haben. Welche sie nach
zu kommen, auf einem würdigen G
ich schlage sie mit ihrem die folgende Ihnen als einen [illegible]
[illegible] zu denken. Was ich [illegible] gethan [illegible]
irgend ein ungeheures Schauspiel nach dessen Wesen [illegible]

brücke, der einen Triumphbogen eines
[illegible] stehenden, was er mir
edler Anblick gewähren [illegible]. Ich
Gott sei Dank daß die christliche
[illegible] sei nicht umgeschmolzen
[illegible] und bräunlichen [illegible] [illegible]
[illegible]. Morgen sei doch gut schon der
[illegible] Markus hinzustellen, der bei
bei dem heil. Markus schuldig sei.
1515 der herzogliche Stallmeister, befinden,
[illegible] gerade nach dem Markus Platz.
[illegible] Sonderbarste unter der Menschen
[illegible] glaub ich herbeigebracht hat.
~~[illegible] hat er mir begreiflich~~
~~[illegible] vorgebracht und bereicht~~
~~[illegible] mit etwas [illegible] Schein~~
~~[illegible] mit diesem [illegible]~~
[illegible] Mündlich mehr.
Ich habe einen [illegible] den ich als
[illegible] und für einen [illegible] geben.
[illegible] die ersten Künstler in der

der Alten
bewürkt scheinen die Ruinen [der Alten] so
sie noch halb vergraben wären nach
gemacht zu haben und der Geschichte
Nachfolger hat nur den Schutt weg-
geräumt und die schöne Gestalt her-
vor gebracht.

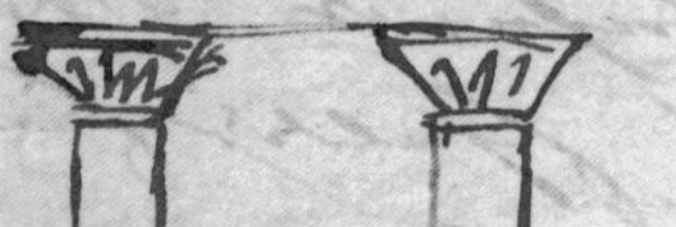

Wären die solche Säulen sichtbar geben
die nicht zum Theil stecken in der Erde
und doch ist der untere Gang der
hervorgeschobenen Hallenbau von solchen
Säulen.

p 524 Säulen und der Pinzgatter.
bey der alten Gemeinde die mir die Nächste
10 durchaus hoch hat ist eine welchen
Grund des alten Holzbau und schrieb ein
schön erhalten hat sie ist schlank
und reizend, daß man sich nicht satt

7

an ihr schauen kann
Die andre hat etwa 8 Durchmesser
Höhe, mag also zur dorischen Ord-
nung wie jene zur korinthischen
gehören, sie ist von weißem
Granit, der von der Zeit gelitten
hat und nur durch den [illegible],
aber einen starken [illegible]-
[illegible] gebracht hat, der dem
äußern [illegible] geworden ist und
nun an verschiedenen Orten [illegible]
abschält. An der Seite der Marcus
Kirche nach der Piazzetta zu, stehen zwey
kleinere Säulen von eben dieser
[illegible] ausgehauen, an denen
man dasselbe bemerkt.
Außer der Marcus Kirche hab ich noch
kein Gebäude betreten. Es giebt
außerdem genug zu thun, und das
Volck interessirt mich unendlich.
Ich war heute lang auf dem Fisch-

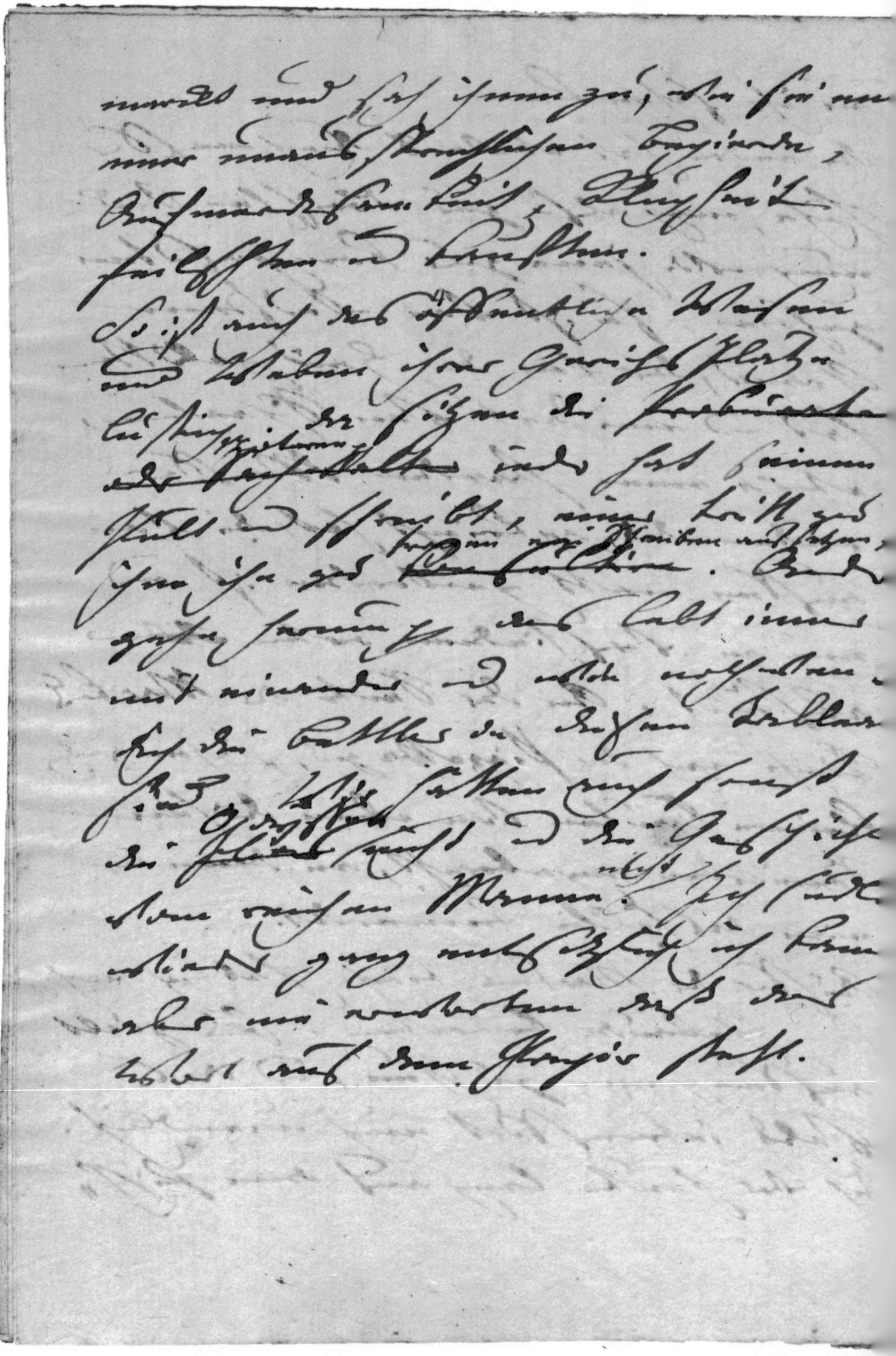

8

7. 30. Abends.

[illegible]

Heute hab ich wieder meinen Begriff [illegible]

[illegible]

532 [illegible]

[illegible]

die Italiänischen und Vicentinischen
Berge und das Tyroler Gebirg, schließt
gegen Abend und Mitternacht das
Bild ganz trefflich schön.
Gegen Abend verlief ich mich absichtlich
ohne Führer in die entferntesten
Quartiere der Stadt und suchte mich
dahin zurückzufinden, ohne jemand
zu fragen nach der Himmelsgegend
den Rückgang. Man findet
sich wohl endlich, aber es ist ein un-
glaubliches Gässchen in einander und
meine Manier die beste sich davon
recht sinnlich zu überzeugen, nun
seh ich erst bis an die letzte Spitze
des Betragens, die Lebensart, Sitte
und Wesen der Einwohner gemerkt
der liebe Gott weis schon was ein armes
gutes Thier der Mensch ist.
Das Ufer ist ein angenehmer Spazier-
gang.
Schon die drey Tage die ich hier bin

9

hab ich einen gemeinen Kerl gesehen, der einem mehr oder weniger großen Auditorio Geschichten erzählte. Ich kann nichts davon verstehen. Es lacht aber kein Mensch, manchmal lächelt das Auditorium, das, wie du dir denken kannst, meist aus der ganz niedern Classe besteht. Auch hat er nichts auffallendes noch lächerliches in seiner Art, vielmehr etwas sehr gesetztes und eine Mannigfaltigkeit und Precision in seinen Gebärden, die ich erst heut Abend bemerkt habe. Ich muß ihm noch mehr nachgehen.

Auf künftigen Montag geht Opera Buffa und zwey Comödien Theater auf. Da wollen wir uns auch etwas zu gute thun. Ich hoffe es soll besser werden als in Vicenz.

Sonst kann ich dir heute nicht viel sagen
Außer meinem Fleiß an der Akademie
hab ich meine meiste Zeit auf den
Palladio gewendet, und kann nicht
weiter kommen. Ein guter Geist trieb
mich mit Gewalt hinter das Buch zu
sitzen; das ich schon vor 4 Jahren
von Heinemann wollte verschrieben
haben, da aber dafür die neuen
herausgegebenen Werke kommen
ließ. Und doch nicht! was hätten
sie mich geholfen, wenn ich keine
Gebäude nicht gesehen hätte? Ich
hab in Vicenza und Verona, wo ich es mit
meinen Augen ansehen konnte,
in Italien fand ich erst das Buch;
jetzt studiere ich's und es stellen
mir alle Schönheiten vor die Augen
der Nebel gleich verschwindet und ich
erkenne die Gegenstände. Durch das
Buch ist es ein größtes Verdienst.

10

Und was darf ein Mensch mehr!
Meine Geliebte wie freut es mich
daß ich mein Leben dem Wahren
gewidmet habe, da es mir nun
so leicht wird zum Großen über-
zugehen, da nur der höchste einzige
Punkt des Wahren ist.
Die Revolution, die ich voraussah [?] und die
jetzt in mir vorgeht, ist die in jedem
Künstler entsteht, der lange unsicher [?] der
Natur treu gewesen [?] und nun die
Erhabenheit [?] der alten großen
Geister erblickte, die Seele quoll
auf und er fühlte eine innere Art der
Verklärung seiner selbst im Gefühl
der körperlichen Leben [?], höchsten Reizung
Kräftigkeit und Grazie.
Wollte Gott ich könnte meine Gesinnung [?]
noch ein halb Jahr in Händen behalten,
nun sollt ihr das mittägige Klima noch
mehr erklären [?].

d. 1. Oktbr.
Abends ½ 8 Uhr.

Heute komme ich später zu dir als gewöhnlich
und hätte dir doch recht viel zu sagen.
Heute früh schrieb ich lange an der Iphige-
nie und es ging gut von statten. Die
Tage sind sich nicht gleich und es wun-
dert mich daß es in dem fremden
Leben noch so geht es ist aber ein
Zeichen daß ich mich noch gut besitze.
Dann ging ich nach dem Rialto und
nach dem Marcusplatz. Seitdem ich
weiß daß Palladio zu einer Brücke
auf diesen Platz einen Riß ge-
macht hat; seitdem ich ihn in sei-
nen Werken gesehen habe, ist
es mir ein erbärmlich Spiel auf dem
Rialto zu sehen allein u. jetzt st…
ich werde sie mündlich verklagen.
Dann bin ich durch einige Quartiere
gegangen und nach dem Platz und
habe, da es eben Sonntag war …

die Unermüdlichkeit meiner Untersu-
chungen angestellt. Es ist wohl
eine Art Teilung in diesem Artikel.
die Leute haben den Grund in der
Tiefe; ich habe gesucht Wässer
für die Gründe, sie sahen, auch an Orten
stille Lagen, die das Wasser mit
annehmen, ~~[illegible]~~ -
Leute aber ~~[illegible]~~ [den Fehler nicht] der
ihr als Mist brauchen. Aber es
ist doch unbegreiflich, daß der Stoff
nicht ähnlicher ist, da sie doch
zur Reinlichkeit angelegt ist:
alle Wässer gehen[selbst] Bett, die nebst eben-
den Quellen [illegible] und
bedeckt stimmen auf der hohen Land,
als es [illegible] in der Mitte [illegible]
erheben, an den Seiten Verbindungen
um das Wasser [illegible] zu
in unterirdischen Kanälen zu leiten.
Nachrichten Überlieferten der ersten

Palmen würde es unendlich künstlicher ~~machen~~ schwierig zur vernünftigen Rech[nung] zu machen, weil sie die sonderbarste ist. Ich konnte mich nicht abhalten gleich im Vorbeygehn einen Ze[ttel] [illegible] anzulegen.

Nach Tische fand ich wieder ein Gondolier, der mich sehr glücklich machte er ging voraus mit dem Plan der Stadt in der Hand die Kirche der Mendicanti aufzusuchen die ich auch glücklich fand.

Die Frauenzimmer führten ein Oratorium hinter dem Gitter auf, die Kirche war sehr gesteckt voll Zuhörer. Die Musik sehr schön und herrliche Stimmen. Ein Alt sang den König Saul ich hatte mir diese Stimme nicht gedacht. Einige Stellen der Musik waren unendlich schön, ~~und~~ der Text ganz lä[cherlich]

bog, als ich so studirend Latein
daß man an manchen Stellen
lachen mußte; Rha. der Musik und
erhitzt hatte. Ich etwa mit leicht-
liche Gemüth gestalten, denn
nicht der bewunderungswürdigste Kapell-
meister der Stadt, und einen Vollen
Noten, welche das Gesetz, so un-
verschämt zu klagen hatte, als
wenn er mit Erfahrung an-
schon hatte, da er erst unter ein-
haben, und so hatte das Werk erst
genommen, als alles verschollt un-
ruhig und gestörte allem Lei-
dend, nicht anders als wenn man
mit einem schönen Werten hinstell-
te und ihr Schaukelschlagen aus
die Gelände stellte. Der Freund
tun selbst alle Harmonie und und
mit ich mit Musik und er hört al

nicht, oder er will Aufnahme des
man seinen Gegenstand von Berg-
steigen sehen soll, da er bestimmt
wären er liebe seinen Vorrath an
der Vollkommenheit der Darstellung-
ung vorziehen. Ich weiß die
Franzosen haben an der Art,
den Italiänern habe ich's nicht
zugetraut. Und das Publikum
scheint es gutzuheißen.
Ich habe auch darüber schriftlich
und einige Gedanken, die ich schon
ich hier mehr bestätigt finde der
mitgetheilt werden.
Morgen will ich anfangen einige
zu besehen. Ich bin nun mit dem
Ganzen bekannt das einzelne will
mich nächst mehr [illegible] machen
und ich werde ein [illegible] bald be-
[illegible] mit fortnehmen. Heut
hat mich zum erstenmal ein heiter
[illegible] bey hellem Tage in einem Gar-
ten [illegible] Kälte umgeben.

13

heute Abend der herrlichste Mond-
schein. Ein Gewölcke kam über
Meer von Süd ost, also von den
dalmatischen Gebürgen, wetter-
leuchtete, ging am Mond vor-
bey, zertheilte sich und zog
nach dem Tyroler Gebürg, das
ist also immer der selbige Wind
der alle Mittägige entstehende
Gewölcke nach dem deutschen Gebürg
wirft und auch in Norden vielleicht
Übel bringt. ~~für uns~~ doch hab ich gute
Hoffnung, die Gebürge sind meist
klar.
Einige Würfe hab ich auch gerad
Wegs ins Gemerck über diesen Abends
Fortschreitung und dem Wetter.
Lebe wohl. Abends fühl ich mich
denn doch müde. du nimmst auch
wohl mit dem guten Willen vor-
lieb, wenn ich auch nicht viel klugs
vorbringe.

d. 2. Octbr. Abend 96

Ich eile zur Oper gehe nun [illegible].

p. 569. S. Giorgio ein schönes Andencken von Palladio ob er gleich da nicht so wohl seinem Geiste als dem Geiste des Orts nachgegeben.

p. 566. Carità. Ich fand in des Palladio Wercken, daß er hier ein Gebäude angegeben, an welchem er die Privat Wohnungen der Alten, versteht sich der höheren Stände nachzuahmen sich vorgesetzt. Ich eilte mit dem grösten Verlangen hin aber ach! es ist kaum der 10 Theil ausgeführt. doch auch dieser Theil seines himmlischen Genius werth. Eine Vollkommenheit in der Anlage und eine Ackuratesse in der Ausführung die ich noch gar nicht kannte. Auch im Mechanischen da der meiste Theil aus Backsteinen (: wie ich zwar mehr ge-

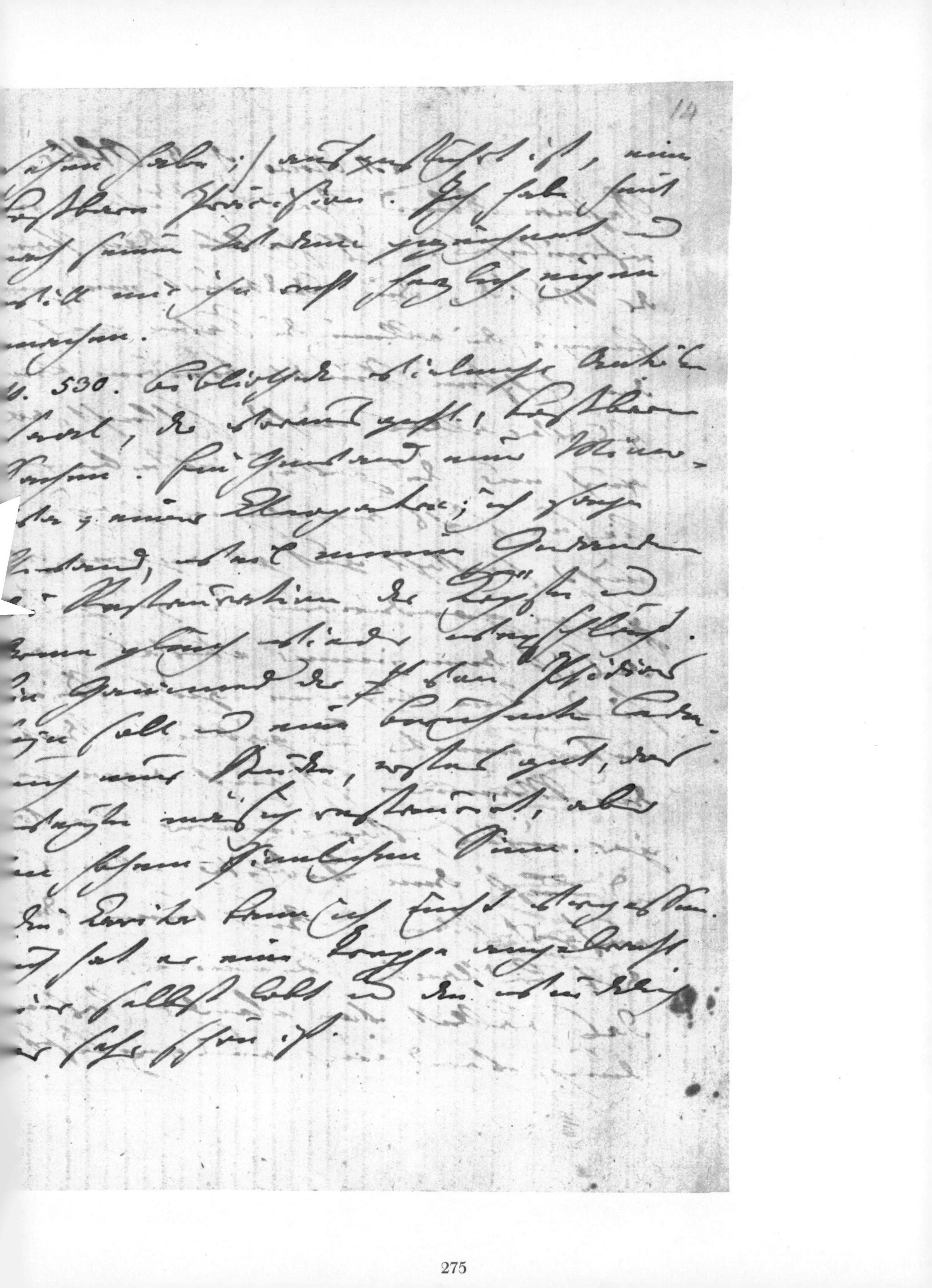

14

à M. Moïse d. 3. Oktbr.

Gestern Abend Oper. Nicht [illegible] un-
erträglich. Es fehlte der [illegible]
der Musik, der Ausdruck [illegible]
[illegible], die allein die Seele und
den höchsten Punkt [illegible]
ist aber alles nicht schlecht, ab[er]
auch nur die Zeit [illegible]
[illegible] [illegible] [illegible] [illegible]
[illegible] [illegible] gut zu nehmen, [illegible]
sich zu [illegible] und zu [illegible]
[illegible] ist dann immer etwas. Es
sind schöne Figuren, gute Stim-
[illegible] [illegible] und [illegible]. [illegible]
die Männer ist auch [illegible]
gar nichts, aber immer [illegible]
und [illegible] dem Publikum [illegible]
[illegible]. Auch kam die
[illegible] [illegible].
Das Ballet war [illegible] [illegible]
[illegible], [illegible] [illegible] [illegible]

seinen herrlichen Sängern und Sänger-
innen; die Luft recht gut schließt
versteht, das Publikum mit
jedem schönen Theile ihrer Zu-
gabe bekannt zu machen.
Heute habe ich dagegen eine andere
Bekanntschaft gemacht, die mich mehr
gefreut hat. Ein herzerhebendes
Vollends, glänzender zu hören.
Ich aber eine wichtige Sache und
würde, mich zu meinen Gunsten,
in den Ferien verhandelt.
Der eine [illegible] der [illegible], der
alles aber ein Buffo caricato
nur hätte. [illegible]: die
[illegible] auf beachtlich. [illegible]
ungeheuer [illegible] irgendeine
[illegible]. Seine Stimme [illegible]
[illegible] und eine Festigkeit, als
[illegible] in tiefsten Grund
[illegible] Herzens [illegible] aber als
er hörte. Ich nenne und einen

ermüden; weil alles wahrscheinlich schon fertig ist, wenn diese öffentliche Production geschieht und die Richter auch schon wissen was sie sprechen wollen. Indessen hat diese Art unendlich viel Gutes gegen unsre Stuben und Canzleyhockereyen. Von den Umständen und wie artig ohne Prunk wie natürlich alles geschieht mündlich.

Abends.

Viel gesehen. Wenig Worte genug Bedencken.

p. 565 I Scalzi, Marmor genug und nicht auf die schlimmste Weise zusammengebracht, aber nichts von dem hohen Geiste der sich allein in dem unnachahmlichen Maas, Form Ordnung, Harmonie, spüren läßt.

566 La Salute das mittelste Gefäß worauf der Dom ruht ist nicht übel Höhe und Kuppeln nicht zu verwerfen Aber das Ganze bis ins einzelne

Müster über Müster und schlechter
Geschmacks, eine Kirche der Art
ist noch Wunder drinnen gestiftet.
567. Jesuiten zu Venez. Ein Bild
das man aus Kupfern kennt und
das schon verzeichnet ist. Herrliche
Frauen Köpfe und die alltäglichen
Gegenstände einer braven Küche
mit Geistern zu edel behandelt.
Die Ordensstücke den Leuten sind
zu Ordensstücken hohe bald zu
erhaltne Gegenstände; doch schön
und herrlich ausgearbeitet.
Schauer, den die Mutter beym Schrecken
fast, kühn und wiederkehrenden
Farben, zu richtig gehandelt
... , nachdem Gelübd
erfüllt, schlecht die Freude zu laut
und herz zum Himmel.
p. 577. Il Redentore. Ein schönes
großes Werk vom Palladio.

die Facade viel lobenswürdiger als
die von St Giorgio. Es sind diese
Werke in Kupfer gestochen, wir
wollen darüber reden. Nur ein allge-
meines Wort. Palladio war
so von der Existenz der Alten durch-
drungen u. fühlte die Klein-
heit u. Enge seiner Zeit, in die
er gekommen war, wie ein großer
Mensch, der sich nicht hingeben, sondern
das Übrige soviel als möglich nach
seinen edlen Begriffen umbilden
will. So war er unzufrieden, wie
ich aus gelinder Wendung seines
Buchs schließe, daß man bey den
Christlichen Kirchen auf die Form
der alten Basiliken fortbaute
er suchte die seinigen der Form
der alten Tempel zu nähern. Da-
her entstanden gewisse Unschicklichkeiten
die mir bey Il Redentor sehr

17

glücklich überwunden, bey St Giorgio
aber zu auffallend scheinen.
Volkmann sagt etwas davon
er trifft aber den Nagel nicht auf
den Kopf.
Inwendig ist St Redentor auch
ganz köstlich. es ist alles, auch
die Zeichnung der Altäre ist von
Palladio. Nur die Nischen die mit
Statuen ausgefüllt werden sollten
prangen mit aus Holz ausgeschnitten
gemahlten Figuren.
Dem St. Franciscus zu Ehren
hatten die PP. Capuc. einen Sei-
ten Altar mächtig ausgepuzt.
Man sah nichts vom Stein als
die Corinth. Capitäle. Alles übrig-
schien mit einer geschmackvollen,
prächtigen Stickerey, nach Art der
Arabesken, überzogen und war
das artigste was ich in der Art

gesehen hatte. Besonders verwun-
derte ich mich über die bunten
goldgestickten Hemden und Gewän-
der. Ich ging näher und sah
einen recht hübschen Betrug.
Alles, was ich für Gold ge-
halten hatte, war vergoldetes
tes Papier, in Formen [illegible]
auf Papier geklebt und die For-
men mit schlechten Farben ange-
strichen, und weil sie meistens
treu und artig, daß diese Klei-
der an Material keinen Thaler
werth war, und den arbeitenden
einige unter ihnen selbst ein-
fach angestickt haben,
mehrere tausend Thaler mögen
gekostet haben können er hätte
auch heuer sollen. Man kann
es gelegentlich nachmachen.

18

seinen Sessel zu streichen und zu-
streichen diese Sachen bemerkt ich
hier, und mir zu gedenken.

573 Gesuati. nur schöne Gebäuden
Kirche. Münster Gemälde über
Eingang. An den Seitenschiffen
sieht man an einigen lebens-
würdigen Heiligen, was
als die Malerei, wenn nicht
mein [illegible] nicht trügt.
[illegible] Bild, ist
ein [illegible] Gegenstand; ob
noch schön [illegible].

[illegible]. Gestalt den ich
heute [illegible] sollt ich noch
mehr [illegible]. [illegible] morgen.
[illegible] im [illegible]
[illegible]. Aber es bleibt
in einem feinem Ruh und Herzen.

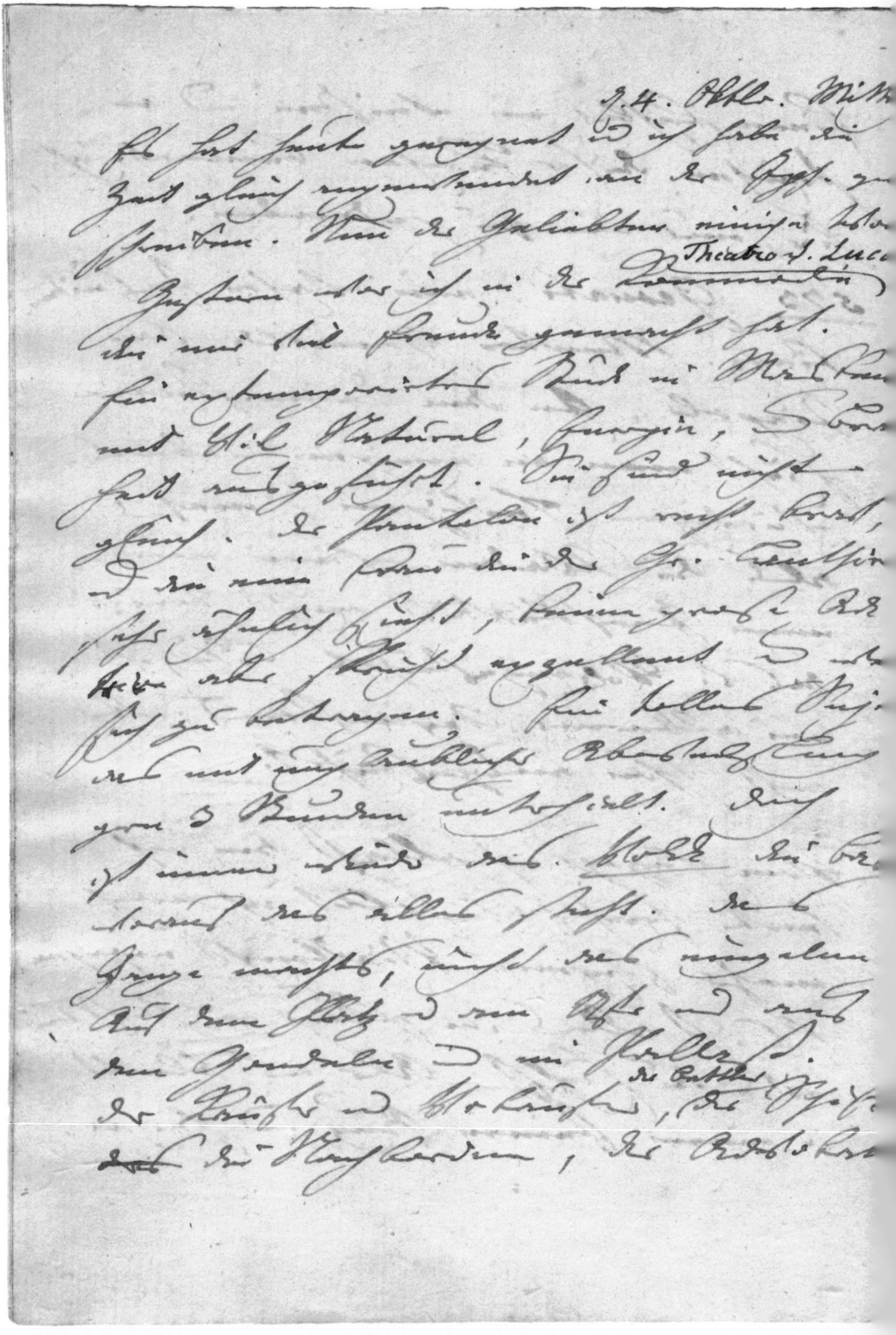
d. 4. Oktbr. Mittag

Es hat heute geregnet und ich habe die
Zeit gleich angewendet an der Iphig. zu
schreiben. Nun der Geliebten einige Worte.

Gestern war ich in der Commödie Theatro S. Luca
die mir viel Freude gemacht hat.
Ein extemporirtes Stück in Masken
mit viel Naturel, Energie und Bra-
vour aufgeführt. Sie sind nicht
gleich. Der Pantalon ist recht brav,
und die eine Frau die der Gr. Lanthieri
sehr ähnlich sieht, keine große Ac-
~~Acte~~ trice aber spricht exzellent und weiß
sich zu betragen. Ein tolles Sujet,
das mit unglaublicher Abwechslung
gegen 3 Stunden unterhielt. Doch
ist immer wieder das Volk die Ba-
sis worauf das alles steht. Das
Ganze machts, nicht das einzelne.
Auf dem Platz und am Ufer und auf
den Gondeln und im Pallast.
Der Käufer und Verkäufer, die Bettler, die Schiffer
~~auf~~ die Nachbarinnen, die Advokaten

u. seine Augen voller Liebe u. Freude
u. lächelt sich so [illegible] [illegible] u. [illegible]
u. streicht u. [illegible] u. [illegible]
u. [illegible] u. fliegt u. kommt.
Und abends gehe ich mit der Sonne
u. sehe u. höre das lebende [illegible]
[illegible], nun künstlich zusammen-
gestellt, welcher andere Sachen
mit Menschen durchflochten ist u.
[illegible] [illegible] u. [illegible]
[illegible] u. [illegible] u. kommen.
Es ist alles den ~~[illegible]~~ Nacht zur
~~[illegible]~~ Nacht für den Mitternacht u.
Mitternacht immer dasselbe.
Ich sehe nicht leicht natürlicheren
Eigensinn sehen, als diese Mädchen,
aber nur [illegible] Glanz-
[illegible] [illegible].
Da ich das Schreiben ist mir [illegible]
dem [illegible] unter meinem Fenster,
Er hat mich Mitternacht [illegible].
[illegible] [illegible] im Garten u. [illegible] [illegible]
[illegible] zusammen.

In dem Hause Farsetti ist eine kostbare
Sammlung von Abgüssen der besten
Antiken. Ich schweige von denen die
der Mannheimer her und sonst kannte
und erwähne nur einiger Bekanntschaften
der Jüngling der tödlich verletzt auf
den Arm auf den Boden gesunken ist
und in den Todt hinüber schläft. Die
Mutter Niobe die ihr jüngste Tochter
mit dem Mantel vor den Pfeilen
des Apollo deckt, einige Gladiator
einen in seinen Flügeln ruhenden
Amor, einen sitzenden und stehenden
Merkur, es sind Werke an denen
sich Jahrtausende die Welt freuen
kann und erschöpft den Werth des
Kunstwerks nicht. Auch hat's schöne
Büsten. Ich fühle nun auch jetzt wie
weit ich in diesen Kenntnissen zu-
rück bin, doch es wird werden, denn
schon weiß ich den Weg. Goethe
Er hat mir ihn auch dazu und zu
aller Kunst und Leben geöffnet.

Es klingt das vielleicht ein wenig
wunderlich, aber doch nicht so wunder,
als wenn Jakob Böhme bey Erblickung
einer zinnernen Schüssel über das
Weltwesen erleuchtet wurde.
Komm ich zurück und du bist mir
hold; so sollst du auch um meine
Geheimnisse wissen.
Auch steht in diesem Vermächtnis ein
Abschnitt meines Werks der frühe [illegible]
des Vermächtnis [illegible] der
Materie und der frischen Wasser
ich, die eine flüchtige Feder zu
gaben, nach dem Wunderbaren des
Vollendets, die schönen Sinn durch-
schauen will. Obgleich in seiner
[illegible]schung die bezwingende Gegen-
wart der Beschickten vermischt bleibt.
Das ist schon drei und mein neues
Liedchen. |: Ich habe [illegible] zur Hälfte :|
Morgen Donnerstag stirbt die ~~[illegible]~~

zu St Luca)

tragen, (nach der Anzeige von [illegible] Be[illegible] ge-rühmtes Stück. Sonnabend ist solenne Messe bey der St. Justina welcher der Doge beywohnet, den ich denn im Staatsschiff[illegible] mit dem Adel sehen werde. Sonntag ist der letzte(?) Tag der Marcuskirche wo er auch erscheint. Bis dahin wollte(?) hoffe ich auch an die Besten und den Merkwürdigsten Werke [illegible] durchstreiften zu haben noch übrig bleiben.

p. 523. Paradies von Tintoret. Auch eine Verherrlichung der Mutter Gottes. Aber nicht mit dem Geist wie jenes in der Casa Bevilaqua zu Verona. Eine Bemerkung glaube ich gemacht zu haben daß Tintoretten kleinere Figuren besser gerathen als große. d[a] er da ganz die Grazie und Leichtigkeit seiner Natur sich überlaßen konnte und daß ein größeres Maas ihn genirt.

21

[illegible]auch in diesem Gemälde sehr den Fi-
[illegible]ferne gesehen und das Bild ist seine
[illegible]hin, als immer Glanz des
[illegible]Geistes wird sehr [illegible]
[illegible]. Auch hat er jenen gewaltigen
[illegible] gemacht, aber ich nur allem
der vorhandenen Feder scheint mir,
[illegible] im Alter. Feder ist ganz
[illegible]standet.

Die übrigen Gemälde im Nachlaß habe ich alle
[illegible]gesehen und mir sind es kleinen Leuten,
und habe wenigstens ein Bild in der
[illegible] und Alles dem merk-
würdigsten Gegenständen.

Ich habe jetzt einen [illegible]. Einen
[illegible] Alten. Einen [illegible] —
[illegible] täglich [illegible] es mich besetzt [illegible].
[illegible] ist mit [illegible] durch ganz [illegible]
[illegible] [illegible] allein nicht gut. Sie
[illegible] die Italiäner, auch die rechte [illegible].
[illegible] giebt es z. B. [illegible] das [illegible].
[illegible] an jedem Orte ich mich überall

für einen Kaufmann gestorben.
Er wandte sich mit einem Gondolier
um 10 Soldi, mit einem [illegible]
[illegible], und die Gondel. Hatte noch dazu
Nacht. Er nimmt aber keine Notiz
[illegible] hat auch eben [illegible]
gemacht. Er [illegible]
[illegible] Stunde, hat auch die [illegible]
Es ist mir lieb, daß ich die ersten Tage
allein war und lieb daß ich ihn [illegible]
habe.
Er hat mir die Luft [illegible]
mit einem [illegible] mit dem [illegible]
[illegible], denn [illegible]
[illegible] in der [illegible]
[illegible] aber das Geld und [illegible]
ich ihnen nicht [illegible]
Ich will mir dafür einen [illegible]
kaufen und mir [illegible]
die [illegible] und dem [illegible]
[illegible].

Abends.

Ich bin recht gut gewandert, wenn es Nacht schlägt geh ich nach Hause. Der wenige Platz wird mir nicht reichen und ich suche doch. Nun einiges.

Ich habe nun öffentlich reden hören:

1) 3 Kerls auf dem Platze nach ihrer Art Geschichten erzählend.

2) 2 Prediger

3) 2 Sachwalter

4) die Komödianten, besonders den Pantalon.

alle haben etwas gemeines, sowohl weil sie von Einer Nation sind, die beständig im Leben und Sprechen begriffen ist, als auch weil sie sich unter einander nachahmen. Sie haben eine gewisse entschiedne Lieblings Geberde, die ich mir merken will, und überhaupt übe ich mich sie nachzumachen und will euch in dieser Art Geschichten erzählen, wenn ich zurückkomme

ob sie gleich mit der Sprache vieles
von ihrer Originalität verlieren, auch
bringt die Figur des einen Advocaten
bey, die viel unter der Lebhaftigkeit
des Originals ist.

Heute am Fest des Heil. Franciscus
war ich in seiner Kirche Francesco
alle vigne. Des Kapuziners laute
Stimme, ward von denen Verkäufern
vor der Kirche mit ihrem Geschrey
gleichsam als einer Antiphone,
accompagnirt, ich stand zwischen
beyden und es nahm sich gut aus.
Diese Kirche ist auch von Palladio
auf eine ältere gepfropft, und die
sonderbaren Widersprüche, deren ich
gestern gedachte, zeigen sich auch
hier. Ich bin voll Verlangens das
alles in der Folge näher zu studiren.

Heut Abend will ich in das Theater
St. Chrysostomo wo sie Comödien, an

dem Französchen überhaupt, stielen, ich
will mich fassen, und das thut.

2520 In einem Zimmer neben der Sala
del Consiglio di Dieci welches auch
diesem fürchterlichen Tribunal ge-
hört hängt ein köstlicher Albrecht
Dürer gegen einem Raphael über;
als ich den ersten betrachtete, kam
aus dem Nebenzimmer einer der
Avogadoren heraus, ein ungeheure
Figur, in seine Kleidung wohl
eingehüllt und meine Begleiter
neigten sich fast zur Erden.
Er rief jemand und war sonst
ganz leutselig, ich ging wieder wo er her-
gekommen war. Man ließ
mich auch einen Blick in das
Zimmer thun, wo die 3 Staats
Inquisitoren zusammen kommen,
daß ich doch also auch weiß wie
es drinne aussieht. Mich freut
nur wie man einen Staat in Ordnung
hält,

547

d. 5. Nach Tische 24

Heute früh war ich im Arsenal und mir interessant genug, da ich noch kein Seewesen kenne und hier gleichsam die untere Schule besucht habe. Denn freylich sieht es hier aus wie bey einer alten Familie, die sich noch rührt, obgleich die Blüte und die beste Zeit der Früchte vorüber ist.

Da ich auch den Handwerckern nachgehe, hab ich manches merckwürdige gesehen. Ein Schiff von 84 Kanonen dessen Gerippe fertig steht hab ich bestiegen.

Ein gleiches ist vor sechs Monaten, ganz fertig aufgerüstet, an der Riva de Sciavoni, bis aufs Wasser verbrannt. Die Pulverkammer war nicht sehr gefüllt und da sie sprang that es keinen großen Schaden. Die benachbarten Häuser büßten ihre Scheiben ein.

sehen
Schöne Holz und Steine hab ich be-
arbeiten sehn. Ich kann nicht genug
sagen, daß mir meine frühern andern
neue Kenntnisse der natürlichen Dinge
~~und Materialien~~ die des der Mensch als Materialien braucht
und zu seinem Nutzen verwendet
überall hilfft und mir die Sachen
aufklären. So ist mir die Minera-
lische und Oryktologische Kenntniß
der Steine, eine große Verstärkung
in der Beurtheilung.
Auf dieser Reise hoffe ich will ich
mein Gemüth ~~hoffe ich~~ über die
schönen Künste beruhigen, ich
fähig bald mich recht in die Seele
gewöhnen und zum stillen Genuß
zurückkehren. Dann aber mich zu
den Handwerkern wenden, und
wenn ich zurückkomme, Chymie
und Mechanik studieren. Denn die
Zeit des Schönen ist vorüber nur

25

der Welt und das strenge Bedürf-
niß erforderten ihre Wege.
Ich habe schon Morgenstunden und
Morgenlüfte über das blinde Auf-
leben der Künste in Italien, in der
mittleren Zeit, und aber auch die
Historie würde bald der Fuß über-
[illegible] und würde das alles zusammen-
hängt. Aber wie der Vernünftige
Geschichte entgegen steigt! Ich habe
Freude meine Geliebte! alles um
[illegible] fast. O daß ich nicht
meinen Klugen Freunde ganz
[illegible] gesehen habe, daß ich das
alles allein, ganz allein habe
[illegible] und erleben müssen,
und noch muß.
[illegible] regnet und ich sitze am Kamin.
[illegible] werd ich dir von deinen Mühen
[illegible] Ihnen [illegible].

Da ich die Kasten von Alexandrien be-
stellt, weißt du wohl nicht daß ich
sie selbst in Venedig sehen würde
Ich habe sie an verschiedenen Orten
gebraucht und durch Venedig herzuge-
lassen, was aber kann ich nicht, ich
muß ganz gewiß haben. Die [illegible]
ich gesehen, sollten 7 fl einem [illegible]
gelten, das wäre nicht übel. Frag
nach die Transport bis in das [illegible]
ländische Thüringen nach [illegible]
genug über du selbst dachten haben.
Gestern bin ich nicht nach meinem [illegible]
sah in die Komödie gekommen. Heute
hast ich mein Vergnügen zu sehen und bin
recht neugierig darauf.
Mit der Ankunft geht es freylich besser
wenn man ins Wasser kommt [illegible]
man schreiben. Ich habe mir [illegible]
auch die Ordnungen der Gärten [illegible]
mal gemacht und kenne das [illegible].

nicht schon angeben. Nun behalt ich
auch die Mängel und Verhältnisse die
mir oder allen Gedrucktnichtsbedeut immer
unbegreiflich und unbehaltbar bleiben.
Für Ulrich den Baumeister. Es ist ein
Versuch Galerie. Aber ein schönes Ge-
mälde und gut aufgestellt. Ich komme
immer auf meine alten zurück daß
der Künstler einen rechten Gegenstand
hat; so kann er alles richtig machen.
Sie aber die Aufgabe eine Galerie
zu machen die doch aber die Künstler
einen Augenblick, an dem fürchterlich-
sten Tage zum Instrumente ihrer
alt hergebrachten Herrschaft zu
tragen. Und es ist brav ausgeführt.
Ganz zierlich! Also darf man auch
gegen mit Zierrath überladen. Ganz
Weißgebaut und vergoldet, scheint zu
seinem Gebrauch, eine solche Monstrosity

an dem Volk seine Früchte recht
herrlich zu zeigen. Und dies macht,
daß das Volk, wie es gern seine
Hütte schmückt, auch seine Obern gern
herrlich und geputzt sieht. Es ist
ein rechtes Familienstück, denn man
sehen kann wohl die Wanderer von
und sich zu Hause rühmten.
Ich schreibe dir so vieles hin das ich
nicht dir zu erzählen haben werde
Leider kann ich sagen daß ich keinen
Gedanken, der mir am Wege kam
gefaßt habe, ohne ihn wenigstens
mit einigen Worten einzuzeichnen.
da es noch nicht kommen. Heut ist ein
Wort von Schiller: das er an die gestrige
gesetzt. Ich habe in seinen auch
gefundenen Worten, besonders den
Reisen, manches Lobenswürdige
gesehen, ~~mit~~ unter dem Größten, so daß es
mir über alle Stunden an Werke stünde,

und mir sagte: das und das hab ich
schlechter als Andre gemacht, aber doch
gemacht, weil ich nur nach dieser
Absicht unter diesen gegebenen Um-
ständen meinen höchsten Ideen am
nächsten kommen konnte.
Es scheint mir so schön bey Betrach-
tung eines Gedichts, eines Hauses und
[illegible], wie ~~[illegible]~~ schönes Anschauen
[illegible], eines älteren Freundes, daß
er [illegible] wünschen sollte, wie
überlegt: wie bringst du hier das
Ganze in die größte Form, in wel-
chem musst du mich und den
andern [illegible], der oder das
[illegible] und eine Gebrauchbarkeit entstehen,
aber das noch [illegible] das Ganze
[illegible] meine schöne [illegible] haben und
[illegible] wirst du zur Freude verbreiten.

und so hat er das große Bild oder
er in der Paulus hatte auch dafür ge-
braucht und er steckt ganz ge...,
als er es zugestanden und ...
stimmen müßte. denn ich
mit der Flügel in der Zarita
so also, aber es ist ganz schöne
Geister gefolgt ist. Wäre es fertig
so würde Michelangelo kein vollkommen
Stück beurtheilt jetzt und der Welt
aufstören.

Dieses ist nämlich so er gedacht und
wie er gearbeitet ich würde mir immer
klären, jemals ich seine Werke
lobe, oder Michelangelo sehe wie er
die Alten behandelt. denn er ...
...ung Werke sie sind alle ...
gewaltig. Es ist das ...
den Antiken ...gebe, das eine
rechte Einleitung ist Rom und Sie
zu sehen.

28

[illegible] merkwürdig ist wie andere Brand-
meister [illegible] und auch ihm, an diesen
Schwierigkeiten gestrandet haben und die
Sache sich mit einem goldenen Mittel-
mäßigkeit aus der Sache gezogen
haben. Ich wollte das alles auch
besser beurtheilen können, wenn ich nur erst
die meisten Stücke durchgelesen habe.

Nachts:

Ich komme auch Abends aus der Tragödie
auf meine Stube und erzähle dir [illegible]
das Stück war nicht
[illegible].
schlimm. Der Verfasser hatte alle
bewegliche Motive zusammengestellt
und die Schauspieler hatten gut spielen.
Die meisten Situationen waren be-
kannt, einige aber neu und ganz
glücklich. Zuletzt blieb nichts übrig
als daß die beiden Liebenden sich er-
tränken, welches auch glücklich von-
statten ging. Worauf unter großem

hindurchblitzen der Vorhang fiel. Aber
das Klatschen vermehrte sich nur, es
ward fuora gerufen und endlich be-
quemten sich die zwey Hauptpersonen,
hinter dem Vorhang hervorzukriechen
und ihre Bücklinge zu machen und
auf der andern Seite wieder abzu-
gehen. Das Publikum aber war
nicht befriedigt, sondern klatschte
fort und rief: i morti! — das
währte so lange bis die zwey Alten
auch hervorkamen und sich bückten
da denn einige Stimmen riefen
bravi i morti! Es wurde ihnen
viel geklatscht und bei zugezogenem Vo-
Es verliert diese Posse viel
wenn man nicht das bravo! bra-
das die Italiener immer im Mun-
haben, so in den Ohren hat. Wie
ich, und wenn auch niemand mehr
sogar die Pedanten mit diesem Ehren
Worte ausrufen hört. Ich habe mich
innerlich gelacht. Gute Nacht!
Felicissima notte. Sagt der Abel.

29

d. 6. früh.

Die Tragödie gestern hat mich manches gelehrt. Erstlich hab ich gehört wie die Italiäner ihre eilfsilbige Jamben behandeln und deklamiren. dann hab ich gesehen wie klug Gozzi die Masken mit den Tragischen Figuren verbunden hat. das ist das eigentliche Schauspiel für dies Volck. denn es will auf eine krude Weise gerührt seyn. Es nimmt keinen innigen, zärtlichen Antheil am Unglücklichen, es mich dünckt, es freut sich nur wenn der Held gut spricht, denn aufs reden halten sie viel, dann wollen sie wieder lachen, oder was albernes vornehmen.

Lustig wars, als die Tyrannin ihrem Sohn das Schwerdt gab und forderte daß dieser seine eigne Gemahlin umbringen solle, die gegenwärtig war, das Volck fing laut an sein Mißvergnügen über diese Handlung zu zeigen und es fehlte nicht viel, so wäre das Stück unterbrochen worden, und sie hätten verlangt die Alte solle seinen Degen zurücknehmen.

in dem die ganze Entwicklung wäre
zu Grunde gegangen. Es war auch ein
besonders nach den Umständen und in ei
ner, unnatürlichen Situation und das
Volck fühlte es gleich.
Ich verstehe nun jetzt besser die langen
Reden und das Dissertiren pro und contra
in den Griechischen Trauerspielen. Die
Athenienser hörten noch lieber reden
und verstanden sich noch besser drauf
als die Italiäner, und von den Gerichts
stellen wo sie den ganzen Tag lagen lern
ten sie was.

Nachmittag:

Ich fuhr heute früh mit meinem alten
Schutzgeist, al Lido, einer Erdzunge die
die Lagunen schließt und vom Meer
absondert. Wir stiegen aus und gi
engen über die Zunge ich hörte ein
starckes Geräusch es war das Meer
und ich sah es bald. Es ging hoch
gegen das Ufer indem es sich
zurückzog, denn es war um Mittag
zeit der Ebbe. So hab ich auch das Meer
mit Augen gesehen und bin auf der schönen
Tenne die es weichend zurückläßt

ihm nachgegangen. Da hätt ich mir die
Kinder gewünscht um der Muscheln
willen. Ich habe selbst kindisch ihrer
genug aufgelesen, besonders da ich
sie zu einem Gebrauch widme.
Es wird des Dintenfischs hier viel ge-
gessen, ich habe mir von der schwarzen
Feuchtigkeit geben lassen und will
ihrer noch mehr nehmen. Diese lass
ich in den Muscheln eintrocknen und
schicke sie dir, du brauchst davon und
behältst mir auch, ich bringe das Ü[?]–
zusammen soviel ich wolle. Die
Farbe ist ganz schwarz mit Wasser
verwischt ein wenig graulich, wird
aber mit Bister gut thun. Man muss
eben versuchen und ich will mich er-
kundigen ob sonst noch etwas dabey
zu bedenken und zu thun ist.
Auf dem Lido nicht weit vom Meere
liegen Engländer und weiter hin Juden
begraben, die in geweihtem Boden
nicht ruhen sollen. Ich fand das
Grab des edlen Consul <u>Smith</u>, und seiner

ersten Formen; ich bin ihm meine Segnung des Palladio schuldig und wandte ihm auch seinen ungemeinsten Gewölbe dafür.

Das Meer ist aber großer Anblick. Ich wollte doch sehen einen Fischer in einem Fischer Nachen hinauszufahren.

Abends.

Ich bin recht glücklich und vergnügt seit mir Minerva in Gestalt des alten Lohnbedienten zur Seite steht und gescheidte Vorsichten zu allem, solche Schärfe der Erkenntniß hab ich nicht gehabt. Immer den nächsten Weg, immer den geringsten Preis, immer das beste das Vornehmste gesucht wird. Wär es meine Bestimmung gewesen nur ein Vierteljahr hier zu bleiben, daß ich Venetianische Geschichte lesen, in Bekanntschaften mich bewegen könnte. Mit meiner Art die Sachen zu sehen; Mit diesem redlichen Sinne wollt ich ein brauchbar Bild von Venedig in der Seele tragen.

Am Meere habe ich heut verschiedne
Pflanzen gefunden, deren ähnlicher
Charakter mir ihre Eigenschafften
näher hat kennen lassen. Sie
sind alle zugleich mastig und streng,
saftig und zäh und es ist offenbar
daß das alte Salz des Sandbodens,
mehr aber die Salzige Lufft ihnen
diese Eigenschafft giebt. Sie strotzen
von Säfften wie Wasserpflanzen,
sie sind fest, zäh, wie Bergpflanzen
wenn ihre Blätterenden zu Stacheln
inkliniren wie bey Disteln sind
sie gewaltig spitz und starck.
Ich fand einen solchen Busch Blätter,
es schien mir unser unschuldiger
Huflattig, hier aber mit scharfen
Waffen bewaffnet und das Blat wie Leder, ich habe
etwas eingelegt. (Eryngium maritimum)
So auch die Samenkapseln, die Stiele
alles mastig und fett. ~~Die~~ Die
Binsen spitz und steif daß sie wohl

stehen. Einige Schutzmauern, Fuhr
geschütz fand ich umhergeworfen.
Sie werden wird mir, daß der
nun Schloß und Rathaus wird und
auf Fort Zollhaus zu liegen.
Mit Freuden sah ich nun jeden Tr
nicht entgegen, die mir aber der
dort gemacht und ich werde gern
zu den Büchern wieder lesen.
Der Federmesser und die Federn Fa
geruhte mehren mir Morgen
ich gehe erst darüber und bekümmerte
die unglücklich zugeschossenen Men
bewohnern.
Heute früh hab ich nach dem
Berge kommen, ist sein Sekretair
Freund, ein schöner, wohl und gut
gebildeter Mann.
Auch ein Bild von Kirchen. Leute
Viel habe, aber sonst nichts erheben
werthend.
Die Pferde auf der Markt Brache

in der Nähe. Trefliche Gestalten!
Ich hatte eben unten auch längst be-
merkt, daß sie fleckig wären, theils
einen schönen gelben Metall-
glanz hatten, theils kupfer-
grünlich angelaufen. In der
Nähe sieht und erfährt man daß
sie ganz vergoldet waren und
sieht sie über und über mit Strie-
men bedeckt, da die Barbaren
das Gold nicht abfeilen sondern
abhauen wollten. Auch das
ist gut, so ist wenigstens die
Gestalt geblieben. Ein herrliches
Gespann Pferde. Ich möchte einen
rechten Pferdekenner davon
reden hören.
Artlich und sonderbar scheint mir
daß sie oben schwerer und unten
vom Platze, leicht wie die Hirsche
aussehen, das läßt sich auch
erklären.

Die Kuppeln und Gewölbe nebst
ihren Seitenflächen der Markus-
kirche sind bunte Figuren auf
goldnem Grunde alles Mosaische
Arbeit. Einige sind recht gut,
andre geringe, je nachdem die Meis-
ter waren, die den Carton machten
und die Künstler die ihn ausführten.
Es fiel mir recht auf daß doch
alles auf die erste Erfindung
ankommt, daß die das rechte
Maas und den wahren Geist habe
da man mit viereckten Stückgen
Glas, und hier nicht einmal und
auf die sauberste Weise, das gute
sowohl als das schlechte nachbil-
den kan. Diese Kunst ist wie
du weißt jetzt hier sehr schön ge-
trieben.

33

d. 7 früh.

Heute hab ich keinen Vers an der Iphigenie
hervorbringen können, darum will ich dir
gleich schreiben damit ich doch meine
erste Tageszeit gut anwende.

Gestern Nacht sah ich Electra von Crebillon
auf dem Theater S. Crisostomo. versteht
sich übersetzt. Was mir das Stück ab-
geschmackt vorkam und wie es mir
fürchterliche Langeweile machte, kann ich
nicht sagen. die Ackteurs sind übrigens
brav und das Publikum mit einzelnen
Stellen abzuspeisen. Orest hat allein
drey verschiedne Erzählungen (: poetisch
aufgestuzt :) in Einer Scene, und zu-
letzt wird er zum rasend werden rasend.
die Electra ist wie die Bechtolsheim,
eine große, starke, hat einen guten
Anstand, spricht die Verse schön nur
immer von Anfang bis gegen das
Ende toll, wie es leider die Rolle

verlangte. Indessen hab ich doch wieder
gelernt. Der Italiänische immer mit-
fühlende Freund hat große Unbequemlich-
keiten, wie die Deklamation, weil die letzte
Zeile immer kurz ist und also beide
willen des Deklamators immer wie die
Hose schlägt (?). Auch hab ich mir über-
legt, daß ich mit dieser Sorge und
der dünnen Wolke, welche meine [illegible]
[illegible] fühlen wollte, nur etwas [illegible]
mich und das andere verändern, wie
ich überzeugt hätte Ihnen müßten,
wenn ich sie auch [illegible]
und einiges (?) [illegible] hätte auf-
bringen wollen.
Aber nicht. Es scheint, daß die letzte
Sendung der [illegible] und Ihr-
[illegible] geläufig (?) werden soll. Du
glaubst nicht, wie mir das alles
[illegible], so gar deutlich wird.
Auch fange ich nun an zu begreifen

die Heiligkeit aber der reinen Kunst
seine Werkstätte herunter stieg
den unglaublichen Beyfall erhielt.
Man muß nur sehen, wenn man
Augen hat und alles entwickelt
sich.

Abends

Wenn ich dir nicht zu erzählen hätte, ich
wäre nicht nach Hause gegangen. Der
Vollmond, der einen ganz reinen Himmel,
über den Lagunen, den Inseln, der
sonderbaren Stadt, macht ein herrliches
Schauspiel, der Platz sieht wie eine
seltsame Operndecoration aus und
alles ist voll Menschen.

Nun in der Ordnung.

Heut früh war ich bey dem hohen Amte
das der Doge, an diesem Tage, wegen
eines alten Türcken Siegs, abwar-
ten muß. Es ward in der Kirche
der heil. Justina gehalten.
Wenn die vergoldeten Barcken an-
kommen, die ihn und einen Theil des

Adel bringen, die seltsam bekleideten
Schüler sich mit ihren rothen Kleidern
bemühen, am Ende die Geistlichkeit
die Brüderschafften mit deren hohen
auf Stangen und tragbaren langen
silbernen Leuchtern gesteckten
[illegible] [illegible] stehen und drängen
und warten, und die langen Violet
Kleider der Nobili; denn die langen
rothen der Senatoren auftreten
und endlich der Alte im langen gol-
nen Talar mit dem hermelin Man
aufsteigt, drey sich seiner Schleppe
bemächtigen, und denen alsdann
[illegible] Nobili folgen, alles bey
dem Portal einer Kirche, vor
deren Thüre die Türkenfahnen
gehalten werden; so glaubt man
[illegible] [illegible] eine alte Gestick-
te Tapete zu sehen, aber eine recht
gut gezeichnete Tapete.

35

Mir nördlichen Frühling hat diese
Ceremonie viel Freude gemacht.
bey uns, wo alle Feyerlichkeiten
langweilig sind, und wo die größten,
die man sich denken kann, mit dem
Gewehr auf der Schulter begangen
werden, möchte sie etwas nicht zu
Ostern hängen; aber hier hat gefallen
echte Schlegel würden und diese friedliche
Begehungen. Der König ist einiger
sehr gewöhnlichen und schon gealterter
Mann. Man sieht ihm aber an
daß er krank ist und sich nur auf
sie und die [illegible] Ältern [illegible]
dem [illegible] Worte gerade hält,
sonst sieht er eben recht wie die
Großherzoge ihres ganzen Geschlechts,
und ist zugleich hold und leutselig.
Die Kleidung steht recht gut. das Kragen
und die Mütze kleidet nicht, indem
ihr ganz kein durchsichtig ist und auf
den weichsten, blühenden Haaren [illegible] der

der Stadt zieht.
Hinter fünfzig Nobili in Ungarn die
rothen Kleidern, stramm und schön, eine
schön; keine einzige verkrüppelte Ge-
stalt. Meistens groß, mit großen
Köpfen, breitgebauten Gesichtern,
stark, keck, ohne Schwärmerei, der
Hochsitz hatte aufzusehen. Vielmehr
klug ohne Anstrengung, ruhig
selbst gewiß. Tüchtigkeit der
Anschauung und Rechnung, eine gewisse
Freundlichkeit.
Diese Husaren in der Kirche vereinigt
hatte und die Messe anfing, zogen
die Bruderschaften zu Frohnleich-
nam und zur rechten Seiten hin-
herum, nachdem sie ~~...~~ Mann für
Mann, oder vielmehr Paar und Paar
die Erzherzogin umschlungen und sich
gegen den Erhalter, den König und
den Adel gewandt hatten.

Ich habe den Palast Pisani. Schade
daß man ihn [illegible]
[illegible] und doch ist [illegible]
gut. Nach und nach gebaut, [illegible]
[illegible] Hindernisse nicht aus-
geführt, hätte [illegible] ein schönes
[illegible] über ganz Venedig ist
auf dem Dache. Schöne Zimmer
auch [illegible] beibehalten, obgleich
nicht viel verstümmeltes Ameublement,
denn man scheint in der alten Zeit
wenig [illegible] und [illegible] für [illegible],
[illegible] etc. (Vorschrift [illegible])
Hier bemerkte ich ein schönes [illegible]
[illegible], die ich öfter gesehen habe.
Sie machen alle Arten [illegible] und
[illegible] schön, auch welche
mit [illegible] geschmackvollen Farben
[illegible], und die beiden sind [illegible]
und glänzend gehalten.

Scuola di S. Marco. Schön Gemäh-
lde von Tintoretto, den ich lange lieb
habe und immer mehr lieb gewinne.
Ballon. Wie in Verona. Ge-
stern gab sich der excellente Schläger
dem Publicum erstattete und hatte
große Freude. Und der gemeine
hatte ein Wort mitzureden.
Heut Abend hatte ich mir den
famosen Gesang der Schiffer
bestellt, die den Tasso und den
Ariost auf ihre Melodien singen.
Bei Mondenschein bestieg ich eine
Gondel, einen Sänger vorn den an-
dern hinten die ihr Lied anfingen
und abwechselnd Vers nach Vers
sangen. Die Melodie, die wir
durch Rousseau kennen, ist eine
Art zwischen Choral und Recitativ.
Sie behält immer denselben
Gang, ohne einen Takt zu haben,

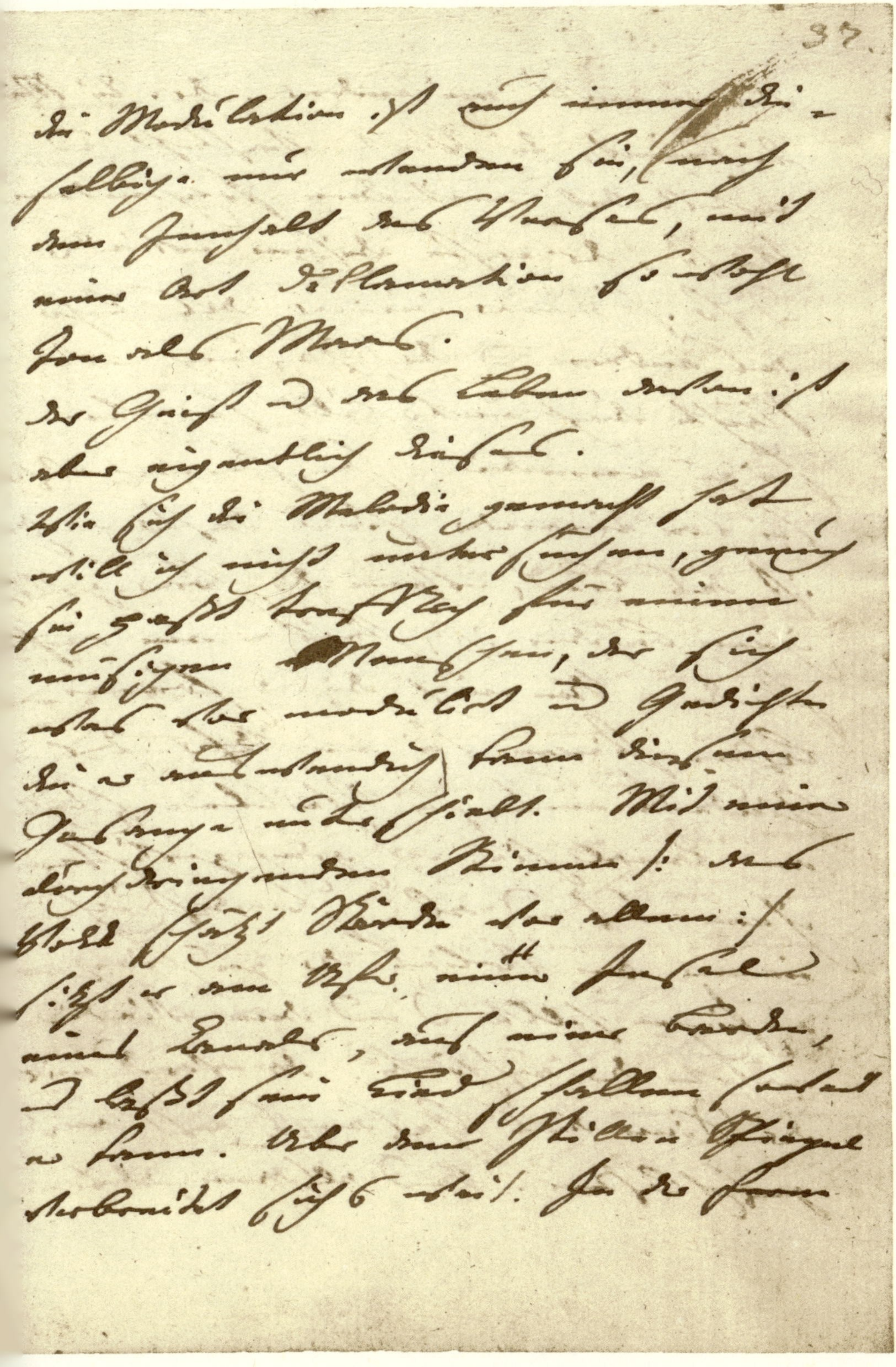

[illegible] von andern, der die Mit-
die kennt, die Worte verwechselt und
untereinander mit dem folgenden
Worte, der ersten dieses Kindes
und so ist immer immer das Ende
des andern und die Gattung abwech-
[illegible] durch unterhält sie ihnen
sehr zu verwundern. Ich kenne also
sie [illegible] einander [illegible] [illegible] [illegible]
ist das Kind, wenn der [illegible] [illegible]
ihnen beyden ist, steht er am [illegible]
finde. Wenn ich diese [illegible]
lassen fingen sie am Ufer der
Gründe an, sie theilten sich
am Rande hin, ich ging zwischen
ihnen auf und ab, so daß ich
immer den Verlust der [illegible]
anfangen sollte und an dem Kinde
wachsen der aufhörte. Der Abend [illegible]
der Sinn des Gebrauchs [illegible] [illegible]
geschlossen. Und selbst wenn, als

Stimme aus der fernen klingt äusserst sonderbar, wie eine Klage ohne Trauer und hat etwas unglaubliches, biß zu Thränen rührendes. Ich schrieb es meiner Stimmung zu, aber mein Alter sagte auf dem Heimwege: è singolare come quel canto intenerisce, e molto più quando è più ben cantato. Er erzählte mir daß die Weiber vom Lido, besonders die äussersten von Malamocco und Palestrina müßte singen hören, sie sängen den Tasso auch auf diese und ähnliche Melodien. Sie ~~hätten~~ haben die Gewohnheit, wenn ihre Männer auf's fischen ins Meer sind, sich ans Ufer zu setzen und mit durchdringender Stimme Abends diese Gesänge zu singen, biß sie auch von ferne die Stimme der ihrigen wieder hörten und sich so mit ihnen unter~~hielten~~ halten. Findst du das nicht schön?

daß Schön[illegible] läßt sich leicht denken
daß ich Zuhörer wenig Freude an diesen
Stimmen haben mochte, die mit den
Gestalten des Mannes [illegible]. Aber
wie unerschöpflich und hoch wird der
Begriff dieses Gebrauchs. Wie lieben
wird mir nun diese Melodie, über
denen Todten [illegible] oder nach
horcht, den Durst zerbrochener Herzen
Gesang meines Herzensmann ~~und~~ die
Herrn und Weib, daß ich nie noch
gleichgestimmter hörte, und ihn ent-
werte.
Warum kann ich dir nicht noch ein
Ton hinüberschicken, ~~auf~~ den du in
der Stunde vernehmest und mir ant-
wortetest.
Gute Nacht meine Liebe ich bin
müde vom vielen Lachen und [illegible]
schweigen. Gute Nacht.

d. 8 Octbr. Nach Tische.

Der gute Alte Doge ist heute nicht
zur Funcktion nach St Marco ge-
kommen, er ist kranck und wir haben
statt dieser Feyerlichkeit andre Gegen-
stände betrachtet, wir suchten erst
die Stadt zu durchkreuzen, und das
Wesen und Gewerb zu beschauen,
und die Schätze einen nach dem
andern aufzusuchen.

Palazzo Pisani Moretta. Ein
Paolo Veronese, der einem einen
Begriff über den ganzen Werth
des Meisters geben. Es ist frisch,
als wenn es gestern gemahlt wäre
und seine große Kunst, ohne einen
allgemeinen Ton, der durchs ganze Bild
durchginge, blos mit den abwechseln-
den Lokalfarben, eine köstliche
Harmonie hervorzubringen, ist hier
recht sichtbar. Sobald ein Bild

gelitten hat, erkennt man nichts
mehr davon.
Was das Kostüm betrifft muß
man sich nur denken: er habe ein
Sujet des sechzehnten Jahrhun-
derts malen wollen und so ist
alles gut. Das jüngste Prinzeß-
gen ist gar ein artig Mäusgen
und hat so ein recht eigensinnig
Gesichtgen. Das Übrige mündl.

Scuola di St. Rocco. pag. 554

Diese sogenannten Scuole, sind
Gebäude, die verschiedenen Brüder-
schaften gehören, wo sie ihre
Zusammenkünfte halten, und
ihre Gerätschaften und Schätze
aufbewahren. Die Brüderschaft
von St. Roch ist besonders nach
einer Pest reich geworden, da
fromme Seelen diesem Patron

und die Santissima Vergine die Be-
freyung von der Pest wendeten,
die, nachdem sie den März bis
in den November gewüthet hatte,
nun gegen den Winter von
selbst aufhörte.

Heute fiel mir recht auf, wie
doch eigentlich der Mensch eine
Befriedigung, wenn er ihm nur sinn-
lich vorgestellt werden kann,
mit Freuden ergreift, daß er
wegen einem sich fromm sollte
Gott zu sagen. Weil die Mutter
Gottes schon eine schöne Seelen-
... ist, fühlt man nicht recht
... mitten im Entzücken wird.
seine Vergine mit dem Sohne und
dem Born, die aber keine Santissima
Vergine ist, weil sie einen Sohn
zur Welt gebracht hat. Gleich

ein Gegenstand, der den einen die
Sinne so sehr stillstehn, der eine
gewisse innerliche Grazie der Ge-
stalt hat, über den man sich so
freut und bey dem man so ganz
und gar nichts denken kann; daß
er recht zu einem religiösen Gegen-
stande gemacht ist.
Beide aber sind diese Gegenstände
die Gipfel der Meister gewesen
und Schuld daß die Kunst gesunken
ist, nachdem sie sich kaum erho-
ben hatte. Ein [illegible] ist immer
eine andere Aufgabe für den
Künstler, als eine [illegible]
Mariä und doch im Grunde derselbe
Gegenstand. Nur daß die Kunst
auch die rechten Mittel, und die
[illegible] nichts [illegible] kann.
Das Gebäude der Sc. di S. Rocco

ist großartig und schön, eben ein
Meisterstück der Baukunst zu sagen.
Dunkel aber auch eine Zeit für
Maler. Hinterrat hat die großen
Gemälde des Kreuzschaals be-
fertigt. Auch eine große Zeichnung in
meinem Wohnzimmer.
Meine anfängliche Bewunderung be-
stätigt sich mir, doch muß ich
mich genau erklären.
Sie sind auch große Figuren,
kraftvoll gemacht und die Kunst
gut gedacht; aber die Gemälde
würden alle mehr Reiz haben
wenn sie kleiner wären. Die
Gestalten sind schön, wenn ich
sie sagen muß, in einem kleinern
Format erscheinen und es fehlt
ihr nur noch dem Maßstabe des
gemäß ist, eben ihre innerliche Natur

auszuführen zu können.

Seine Gestalten seine Compositionen haben nicht die Sodezza welche zu großen Figuren erfordert wird.

Sie beschäftigen das Auge angenehm und geben einen kräftigen Begriff in einem kleinen Maaßstab, aber sie haben nicht innerlichen Gehalt genug um einen so großen Raum einzunehmen um und mit ihrer Gegenwart zu imponiren.

Es ist zum Beyspiel nicht genug daß eine Figur kolossal sey, wenn sie 9 oder 10 Fuß hat, ihre Natur muß kolossal seyn, sie muß nicht durch ihr Maaß, sie muß durch ihre Existenz imponiren, der [illegible] sie nicht, wenn ich mich auch selbst ausdrücke.

In dem Saale sah ich das Abendmal, neben dem Altar sind das Bas

Kind, vermuthlich weil es auch
das gefälligste. Er hat den Kopf
zurückgebeugt und vorwärts ein
gesehen. Putten und ein Weib
auf Stufen sitzend eingebracht.
alle Steine Gründe und die Lu-
ganzen darauf haben eine unbe-
schreibliche Vaghezza.
Als dann war ich in dem Garten-
quartier und an andern Enden
und Ecken.

Abends.

Heute hab ich dir nicht viel zu erzählen,
ich war wieder ai Mendicanti, wo
die Frauenzimmer die Musiken aufführen,
sie haben wieder ganz herrlich gesungen,
besonders die eine die ich dir neulich
rühmte. Wenn man nur so einen
Eindruck im Ohr behalten könnte.
Hernach bin ich mit einem alten Franzosen

der kein Italiänisch kann und hier die
Sprachen und unbekannt ist, kömmt allen
Unbequemlichkeiten entgegen bringt doch wenig
und nicht recht weiß woran er
ist. Er ist ein Mann von Stande
und hat gute Lebensart, denn ich
hab höflich bezeigen und mit ihm
über alle Dinge reden ich sprach ihm
von Venedig er fragte mich wie lang
ich hier sey, ich sagte ihm, erst
seit 14 Tage, er versetzte: il
paroit que vous n'avez pas perdu
votre tems. Das ist das erste
Testimonium meines Wohlver-
haltens, das ich aufzuweisen kann.
Morgen werd ich eine große Fahrt un-
ternehmen.
Wenn ich Dich nur dir meine Reis und den
Mondschein am Meere und auf dem
Platze durch guter Geister Herrlichkeit
machen könnte. Gute Nacht.

43.

d. 9. Oktbr.

Ein köstlicher Tag vom Morgends bis in
die Nacht. Ich fuhr bis Pelestrina, gegen
Chiozza über ~~wo~~ die großen Baue sind, die die
Republick gegen das Meer führen
läßt. Sie sind von gehauenen Stei-
nen und sollen eigentlich die lange
Erdzunge schützen, ~~die~~ welche die La-
gunen von dem Meere trennt,
ein höchst nöthiges und würdiges
Unternehmen. Eine größere Karte
die ich mitschicke wird dir die Sache
begreiflich machen.
Die Lagunen sind eine Würckung
der Natur, daß in dem Busen des
Adriatischen Meers sich eine an-
sehnliche Landstrecke befindet welche
von der Fluth besucht und von der
Ebbe zum Theil verlassen wird.
Über Wandig, die Schaler, die Kanäle
die durch die Lagunen durchgehen und
auch zur Zeit der Ebbe [illegible] werden

nichts stärker zu sagen, ist eine lebende
der Kunst und des Fleißes; und Kunst
und Fleiß müssen es erhalten.
das Meer kann nur an gewissen Orten
in die Lagunen, bey den Castellen,
gegen dem Arsenal über und am
andren Ende des Lido bey Chiozza
die Fluth tritt gewöhnlich des
Tags zweymal herein und die Ebbe
bringt das Wasser zweymal
hinaus, immer durch denselben
Weg, in der selben Richtung,
füllt die Canäle und bedeckt die
Morastigen Landstellen und so fliest
wieder ab, läßt das erhabnere
Land ~~[illegible]~~, wo nicht trocken, doch
sichtbar und bleibt in den Canä-
len stehen. — Ganz anders wär es
wenn es sich nach und nach neue
Wege suchte, die Erdzungen
angriffe und nach Willkühr herein

und herauf streute. Nicht gerechnet
daß die Orte die auf dem Lido:
Palestrina, St Peter pp. liegen
würden, so würden die Canäle
stellenweis ausgefüllt werden,
das Wasser würde sich neue
Canäle suchen, den Lido zu
Inseln und die Inseln die jetzt
in der Mitte liegen vielleicht
zu Erdzungen machen. Dieses
nun zu verhüten, müssen sie
den Lido bewahren was sie können.
Nicht daß das Meer wüchse, son-
dern daß das Meer nur will-
kürlich das angreifen und hinüber
und herüber werfen würde, was
die Menschen schon in Besitz ge-
nommen, dem sie schon zu einem
gewissen Zweck, Gestalt und

Richtung gezogen haben.
Bey außerordentlichen Fällen, die
denen gedacht sind, daß das
Meer übermäßig wüchse, ist es
auch darum gut, daß es zu
gewißen Orten herein kann und das
übrige verschlossen ist, es kann
also doch nicht so schnell nicht
mit solcher Gewalt eindringen
und muß sich dann doch
wieder in einigen Stunden dem
Gesetz der Ebbe unterwerfen
und auch so seine Wirkung
lindern. Übrigens hat Ven-
dig nichts zu besorgen, die
Langsamkeit mit der das Meer
abnimmt, läßt ihr Jahrtausende
Zeit, und sie werden schon den
Canälen klug nachhelfend sich
im Besitz des Wassers zu halten

45

abzißen. Wenn sie ihre Stadt mehr
reinlicher hielten, das sie so noth-
wendig und so leicht ist. Und
wirklich auf die Folge der Jahr-
hunderten von großer Consequenz.
So ist z. B. bey schwerer Straf-
verboten nichts in die Canäle zu
schütten noch Kehrigt hinein zu
werfen. Einem schnell ein-
fallenden Regen aber ists nicht
verwehrt, allen den in die Ecken
geschobenen Kehrigt aufzusuchen
und in die Canäle zu schleppen.
Ja, was noch schlimmer ist, den
Kehrigt in die Abzüge zu führen,
die allein zum Abfluß des
Wassers bestimmt sind und
sie zu verschlämmen. Selbst
einige Quadrate auf dem kleinen Marcus

Plätze, die, wie mit dem größten
zum Abfluß des Wassers an-
klug angelegt sind, hab ich so
überschwemmt und voll Wasser ge-
sehen. Wenn nur ein Regen-
wetter einfällt ist ein unleidlicher
Koth. Alles flucht und schimpft.
Man besudelt, beym Auf und Ab-
steigen der Kutschen, die Mäntel,
die Zobelpelze, alles läuft in
Schuh und Strümpfen und beschmutzt
sich, und es ist kein gemeines
sondern recht beißendes Volk.
Das Wetter wird wieder schön
und kein Mensch denkt an Rein-
lichkeit. Der Souverain dürfte nur
wollen, so geschäh es, ich möchte
wissen ob sie einige politische Ur-
sache haben, es so zu lassen, oder
oder ob es die kostbaren Neigung

46

-st, die diesen Eingang liebt.
-heute Abend ging ich auf den
Markusthurm. Da ich neulich die La-
-gunen in ihrer Herrlichkeit, zur
Zeit der Fluth, von oben gesehen
hatte, wollte ich sie auch zur Zeit
der Ebbe in ihrer Demuth sehen;
und es ist nothwendig diese beyden
Bilder zu verbinden, wenn man
einen richtigen Begriff haben will.
-s sieht sonderbar aus, da aller-
-wärts Land erscheinen zu sehen,
wo vorher Wasserspiegel war.
Die Inseln sind nicht mehr
Inseln, sondern nur höher
bebaute Flecke eines großen
graugrünlichen Morastes den
schöne Canäle durchschneiden.
Der sumpfige Theil ist mit einem
Wasserpflanzen bewachsen und muss

sich nun endlich noch und noch selber
abgelöst hatte und sich beständig
darin vertiefen und denken und der
Gegenstände einen Punkt bestimmen.
Ich habe noch niemals einen
Mann gekannt! Dort hab ich heute
die Bekanntschaft der Verschwender,
Hertallum: Müssiggänger mit seiner
Schwester der Kaufmannshändler ge-
sehen und mich herzlich darüber
gefreut. Was ist doch ein
Lebendiges, für ein köstlich
herrliches Ding. Wie abgesondert
zu seinem Zustande, wie recht
die Lügner! Und wirklich fühl
mir meine bösen Gedanken und
die kann ich nicht fortzusetzen
Gute Nacht meine Liebe! Ich
habe nur einen Aufsatz den muß
ich studieren, damit ich vielleicht eben
Gute Nacht.

d. 10 Octbr.

Heute hab ich angefangen mein Tagebuch durchzugehen und es zur Abreise zuzu-richten. Die Ackten sollen nun inro-tulirt und dir zum Urtheilsspruche zugeschickt werden. Schon jetzt find ich manches in den geschriebnen Blättern das ich näher bestimmen, das ich erweitern und verbessern könnte. Es mag stehen als Denck-mal des ersten Eindrucks, der wenn auch nicht immer wahr, uns doch köstlich und werth ist.

Ich fange auch an mich zum Schluße zu bereiten. Geschwind wird nicht fertig, aber ich sollte in meiner Ge-sellschaft unter diesem Himmel nichts verlieren. O könnt ich dir nur einen Hauch dieser leichten Existenz hinübersenden.

Ja wohl, ist dem Italiener das Ultramontano ein dunckler Begriff!

nun ist es auch. Nur Du und etwa
Freunde würdet mir noch den Rath
zu. Doch sage ich aufrichtig das
Leben ganz allein ists, sonst
ists nichts was mich diesen Gegenden
jemals herziehen möchte.
Denn sonst ist doch die Geburt und Ge-
wohnheit ein mächtiges Ding, ich
möchte hier nicht leben, wie über-
haupt an keinem Orte wo ich nicht
beschäftigt wäre.
Die Baukunst steigt aber mir wie
ein alter Geist aus dem Grabe,
sie heißt mich ihre Lehren wie
die Regeln einer ausgestorbenen
Sprache studieren, nicht um sie
zu üben oder mich in ihr leben-
dig zu freuen, sondern nur um
die ehrwürdige und ewig abge-
schiedene Existenz der Vergangenen

Zeitalter in einem stillen Ge-
müth zu verwahren:
Gott sey Dank aber mir ward
wieder lieb und wohl mit den
Jugendeindruck wach war. Wie
glücklich bin ich daß ich mich der
römischen Geschichte, den alten
Schriftstellern wieder nähern
durfte und mit welcher Andacht
las ich den Livius!
Jetzt nach ich 6 Jahren, nach
meiner Krankheit und Schwachheit
geschehen. Schon einige Jahre hab
ich keinen lateinischen Schrift-
steller gelesen, nichts als nur
ein Bild der Italiener vermochte
berühren dürfen ohne die entsetz-
lichsten Schmerzen zu leiden.
Leider schwächte immer und mir

daß ich alles mein Latein aus dem
Spinoza lernte, denn er bemerkte
daß es das einzige Lateinische
Buch war das ich las. Er wußte
aber nicht daß ich mich für jedem
Alten hüten mußte. Noch
zuletzt haben mich die Wielandische
Übersetzung der Satyren höchst
unglücklich gemacht ich habe
nur zweye lesen dürfen und
war schon wie toll.
Hätt ich nicht den Entschluß
gefaßt den ich jetzt ausführe
so wär ich rein zu Grunde ge-
gangen und zu allem unfähig
geworden, solch einen Grad
von Reife hatte die Begierde
diese Gegenstände mit Augen
zu sehen in meinem Gemüth
erlangt. Denn ich konnte mit

der historischen Erkänntniß nicht mehr, die Gegenstände stünden gleichsam nur eine Handbreit von mir ab wären aber durch eine undurchdringliche Mauer von mir abgesondert.

Denn es ist mir wirklich auch jetzt so, nicht als ob ich die Sachen sähe, sondern als ob ich sie wieder sähe. Ich bin die kurze Zeit in Venedig und die Venetiani-sche Existenz ist mir so eigen als wenn ich zwanzig Jahre hier herum wäre. Auch weiß ich daß ich, wenn auch einen unvoll-ständigen, doch gewiß einen ganz klaren und wahren Begriff mit fort nehme.

Mitternacht.

Nun kann ich denn endlich auch einmal sagen daß ich eine Comödie gesehen habe. Sie spielten heut auf dem Theater S. Luca

Le baruffe chiozzotte

welches sich allenfalls übersetzen ließe, les criailleries de Chiozza oder die Händel in Chiozza. Die Handelnde sind lauter See-leute, Einwohner von Chiozza und ihre Weiber und Schwestern und Töchter. Das gewöhnliche Geschrey, im Guten und bösen dieser Leute, ihre Händel, Heftigkeit, Manier, Gutmüthigkeit, Plattheit, Witz, Humor pp. sind gar brav nachgeahmt. Das Stück ist noch von Goldoni und da ich erst gestern in der Gegend war, und mir der Eindruck der Stimmen und Manier der Leute

…auch in Kunst und Chor würde schön
…und würde klingen, so machte mir
…größte Freude und ob ich gleich
…[illegible] noch nicht verstand;
…so konnte ich doch dem Gange [illegible]
…nicht folgen und mußte herzlich [illegible]
…lachen. Aber auch so ein Text
…habe ich nicht gehabt als den
…Welt hatte, [illegible] und die Seinigen
…Stücken zu sehen. Ein Ge-
…brauchte und Gesänge von Be-
…setzung ließ gern finden. Doch
…muß aber auch sagen, daß
…die Rollen gut [illegible] ausgefallen waren.
…Sie hatten sich gleichsam nach
…der Anlage der Charaktere in die
…verschiedenen Stimmen getheilt
…die ~~dem~~ dem Welt [illegible] sind.
…ich [illegible] meinen [illegible] Auftrag

biß zu Ende.

Die erste Reflexion der allerliebst, viel besser als nemlich in der Hollän[illegible] [illegible] und [illegible] die [illegible] überhaupt, besonders aber bei manchem kleinen Gebäuden und [illegible] des Volks nicht [illegible] war.

Vergnüglich ist aber der Umstand zu loben, der uns [illegible] nicht den [illegible] [illegible] [illegible] Volks [illegible] hat, wenn bloß die [illegible] gewählt [illegible] [illegible] [illegible].

d. 11. Abends.

Ich war wieder in der Carità; siehe p. 136
dieses Büchleins zu den großen Gedancken
des Palladio wallfahrtend [?]. Jahre
~~könnte~~ [?] man in der Betrachtung so
eines Wercks zubringen. Morgen
früh will ich wieder hin. Denn mich
dünckt ich habe nichts höhers gesehn.
Und ich glaube daß ich mich nicht irre.
Dencke aber auch, der treffliche Künstler
mit dem innerlichen Sinn fürs Große
gebohren den er mit dem größten
Fleiße ausgebildet hatte; denn von der
seiner Mühe die er sich um die Wercke
der Alten gegeben hat man gar keinen
Begriff.) findet Gelegenheit einen Lieb-
lingsgedancken auszuführen, eine
Wohnung der Alten nachzubilden,
Gelegenheit da wo der Gedancke ganz
paßt. Es ist in nichts genirt und
läßt sich von nichts geniren. Von
der Erfindung u. Zeichnung sag ich nichts;

nun ein Wort über die Ausführung.
Nur die Capitäle und Füße der Säulen und
einige andere Theile, die ich erwähnt
gemacht habe sind aus gehauenen
Steinen. Das übrige alles (: ich darf
nicht sagen aus Backsteinen :) aus
gebranntem Thon, denn solche Zie-
gel kann ich gar nicht [illegible]
[illegible] die [illegible] werden wie die Ziegel-
stücke mit ihren Zierrathen auch
[illegible] gebrannt ist und die [illegible]
Theile des Karnießes auch. Er
hat also darauf zu allen Formen
machen lassen, die freilich größere un-
gestaltene Stücke als der Ofen [illegible]
lich, die Theile sind alle gebrannt
fertig gestaltet und man hat das
Gebäude nur so mit [illegible]
Stück zu Stück zusammengesetzt. Die Zier-
rathen die Bogen, alles ist so ge-
brannt. Diese Art war mir [illegible]
[illegible], aber wie es für euch

gebüsset ist, gesst aber meine Gedancken,
der das Neue haben sie auch diesen
Tag eingeschlagen, und wahrscheinlich
hat ihn Vallardi aber den Alten.
Alle abwechslungen ist das Ganze
wie ein Geist, wenn es nun ab-
gedruckt wäre, daß allein eine
Farbe hätte, und ich möchte bey weitem
sagen. Die liebe Schwester das
die so mancher Dummheit bemerkt
und wahrscheinlich sagt, warum liebt
die das Wort nicht fertig werden
Von einem Bogen [: meine Handschr]
bringst du ohne Zweifel in der Mitte ist
die er selbst in seinem Leben
lobt — la quale riesce mirabilmente —
hab ich glaube ich noch nichts ge-
hört. Die komische Wendung, wenn
Vallardi sagt che riesce mirabilmente,
daß es etwas besser muß. Ja
es ist nichts als ein Wunder-

Treppe die man aber nicht müde wird
auf und abzusteigen. Auch hab ich
heute die Vorbereitung gesehen, die
gleich an der Treppe liegt und noch
seinem Bilde angeschlossen ist
morgen bleib ich noch einmal hier.
Wenn ich mich nur recht in Sinn
und Gemüth wiederfinden könnte.
Das lustigste ist aber ich meinen
alten Lohnbedienten den alten
Brunnenstein, weil das Herz voll
ist geht der Mund über, und er
das Wunderbare immer noch eine
andere Seite sucht.
Lebwohl. Mein Alter Franzose der
der nun 8 Tage hier ist geht morgen
fort, es hat aber mir köstlich meinen
noch ungeschwächten Verstand
in der Fremde zu sehen. Er reist
auch, an dem hab ich mich besonders nun
gesehen wie man suchen kann,
und er ist ein feiner Kunde nun recht
ordentlicher Mann. Lebe wohl beste

53

d. 12. Octbr.

Ich bin heute zu Hause geblieben um meinen
Sachen Ordnung zu geben, zu ruhen, Zeitungen
zu lesen, zu schreiben und mich zum Ab-
schied und zur weitern Reise vorzubereiten.
Im Vorhofe hab ich mich gut umgesehen, wir
wollen weiter das beste hoffen.
In meinem Tagebuche findest du die
ersten augenblicklichen Eindrücke, wie schön
wird es seyn, wenn ich dir die Verbin-
dung und Fortleitung der Begriffe der-
einst mündlich mittheilen und dich in
guten Stunden unterhalten kann.
Gestern gaben sie zu St. Luca ein neues
Stück l'Inglisismo in Italia. Da viele
Engländer in Italien leben, ists natürlich
daß ihre Sitten Einfluß haben, ich dachte
da etwas zu erwischen, was mich in
der Folge leitete, aber es war nicht.
Caricaturen wie immer, einige glückliche
Narrenscenen, aber übrigens viel
zu schwer und ernstlich gemeynt, und
war nur gegen das gemeinste gerichtet.
Auch gefiel es nicht und war auf dem
Punckte ausgepfiffen zu werden.

Und dann auch die Schauspieler waren nicht in ihrem Elemente, auf dem Platze von Chiozza.

NB von der Truppe Sacchi, welche übrigens zerstreut ist habe ich die Smeraldina gesehen. Der Brighella ist auch noch hier, aber auf S. Grisostomo, einem Theater das mir noch etwas entlegen ist.

Ueber Masken und wie sich dergleichen determinirte Figuren von selbst bilden in der Folge mehr.

Lebe wohl für heute. Mir ist der Kopf wüste, von meinem heutigen unseeligen thätig, unthätigen Tage.

d. 13. Octbr.

Nun meine Liebste muß ich schließen. Morgen geh ich ab. Und dieses Packet auch. Des Sehens bin ich müde und überdencke mir in der Stille das Vergangne und was bevorsteht.

So viel ich geschrieben habe: so bleibt

doch [illegible] mehr einen [illegible] zumal; doch
ist das meiste angedeutet.
Über die Nation selbst und das pro und
contra aller Nationen unter einander,
über den Grund Gedanken und die Haupt-
zeichnung dieser Dinge; über das Leben
der Menschen, ihre Gesinnungen, Art.
zu sagen etc. werden mündlich [illegible] über
[illegible] werden.
Mir liegt jetzt genug, dir mit Freuden
alles zu schildern, was ich auf dem
Wege aufgerafft habe, womit du dich
selbst bereichern und mir zum
Nutzen und Vergnügen aufbewahrest.
Die erste Epoche meiner Reise ist vorbey,
sie schmeckt gegen die übrigen und
der allem die Letzte die mich wieder
zu dir führen wird.
Die Beylagen und Zeichnungen habe ich
in den Kasten gethan der den Kasten
bringen wird. Es ist der merkwürdig-
ste den Alexandriner den man hier haben.

kann. Du erhälst 25 fl. davon gieb 5 der
armen Frau [illegible] mit den schönsten Empfeh-
lungen und 5 an Friedel, das übrige
behalte für dich. Schreibst du, so kann
ich mehr überschicken.

Liebe Mutter! Ich schicke morgen
[illegible] allerlei, nicht gleich; so erhälst du
dieses über Ende Oktobers und das
Tagebuch der gelehrten [illegible] selbst zu
Ende Novembers haben. So werd
ich dir wieder auch und bleibe bey dir.
Liebe Mutter. Grüße die deinigen.
Ich bin treu und auch [?] der Deinige.

G.

Avocato Reccaini.
ad pag. 15.

Ungefähr 50 Fuß.

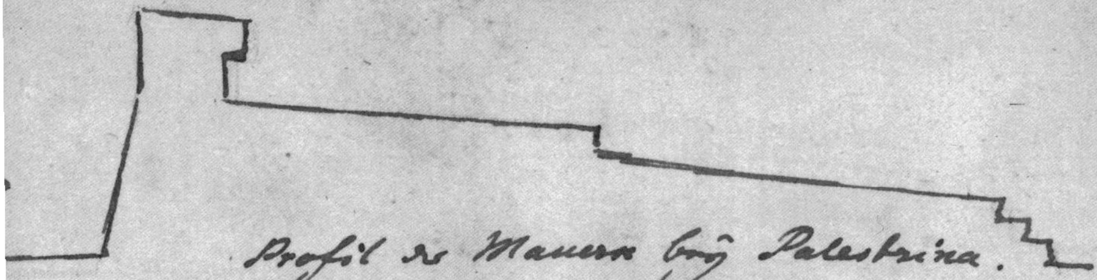

Profil der Mauern bey Palestrina.

Seite gegen das Meer.

ad pag. 43.

Fortgesetztes Verzeichniß der Steine.

36. Stein aus den Sabinischen Gebirgen womit sie in Sabin. d. Straßen(?) zu pflastern. Ob Lava? ob Porphyr?

37. Kalkstein der mit der Säge geschnitten und verschieden zu Gebäuden gebraucht wird aus den Vordergebirgen der großen Kette. Vitruv gedenkt seiner.

38. Kalksteine die [illegible] in Mauerlagen und den Mauerwänden angebracht sind.

39. Marmor Schlamm zusammen gebacken. Scheint die neuste alter Ruinen(?).

40. Versteinte(?) Geschiebe mit dem Ader in diesem Marmor..

41. Kalk von der Mauer bey Palestrina mit Kiesel(?) gemischt.

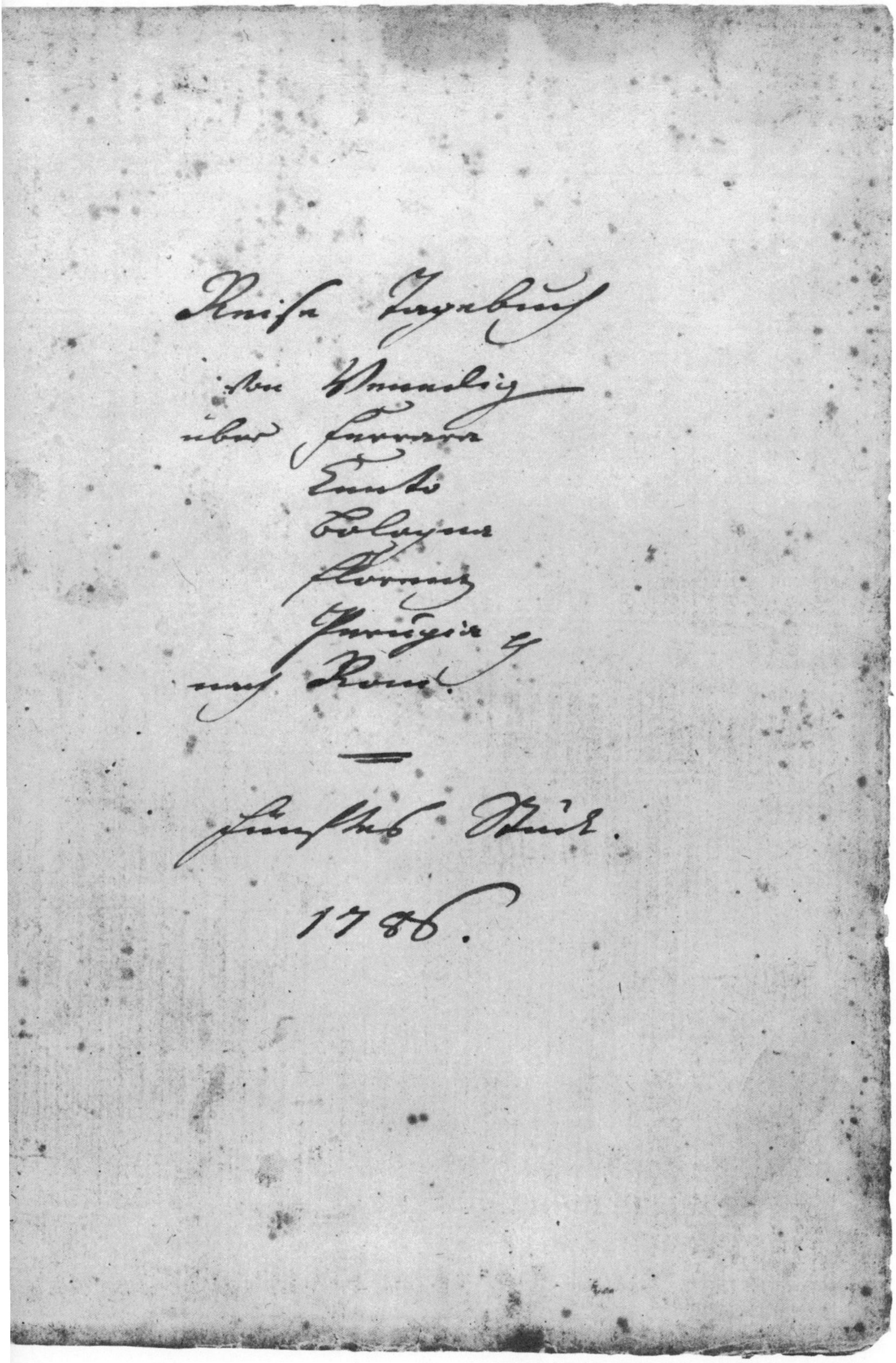

Reise Tagebuch

von Venedig
über Ferrara
Cento
Bologna
Florenz
Perugia etc
nach Rom.

Fünftes Stück.

1786.

Venedig d. 14. due ore dopo Notte.

In der letzten Stunde meines Hierseyns, denn ich gehe diese Nacht mit dem Courierschiffe nach Ferrara. Ich verlasse Venedig gern. Um mit Vergnügen und Nutzen hier zu bleiben, müsste ich andre Schritte thun, die außer meinem Plane liegen. Auch ist nun die Zeit da alles die Stadt verläßt. Ich trage das sonderbare, einzige Bild mit mir fort und so vieles andre. Ob ich gut aufgepackt habe, sollst du sagen, wenn ich zurück komme und wir über diese Gegenstände sprechen. Mein Tagebuch biß heute hab ich dem Fuhrmann mitgegeben, es kommt also später als ich glaubte, doch wünsch ich zur guten Stunde.

Das Klima mögt ich dir zusenden oder dich ihm verschaffen können. Sonst wäre hier für uns beyde keine Existenz. Lebe wohl. – Seit Verona

hab ich mich nicht über die entfernten
[illegible] [illegible] und [illegible].
Sonderbar! Ich habe mit dem Zeichen
nicht über dem Gebirge das Wetter
wahrscheinlich nicht gemacht haben.
Die Hitze hat großen Schaden
gethan. Es kann kein [illegible]
[illegible], nachdem ich hier gebadet, ge-
schehen seyn.
Hier hab ich einige [illegible],
einen [illegible] ~~[illegible]~~ [illegible], und
[illegible] und Blumen, erhalten. Diese
[illegible] kommen [illegible] [illegible]
heraus. Es ist aber alles gleich
[illegible]. Der Himmel hält sich
[illegible] und die Wolken [illegible] [illegible]
[illegible] [illegible] [illegible], [illegible] und
[illegible] Gebirge. Am Sonn-
tag haben sie [illegible] [illegible] [illegible]
[illegible] [illegible] [illegible] mit [illegible]
[illegible] gehabt. Es scheint das [illegible]
[illegible] zu sagen [illegible] [illegible] [illegible]
verändert.

Ferrara. d. 16. Nachts.

In der großen, schönen, entvölkerten Stadt, wo Ariost begraben liegt und Tasso unglücklich ward, bin ich seit heute früh deutschen Zeigers um 7 Uhr und werde morgen wieder weggehen.

Der Weg hierher ist sehr angenehm und wir hatten herrliches Wetter. Auf dem Courierschiff waren leidliche Menschen, und die Aus und Ansichten zwar einfach aber anmuthig. Der Po ist ein freundlicher Fluß; er geht hier durch große Plainen und man sieht nur seine Ufer. Ich sah hier und am Adige alberne Wasserbaue, die ganz kindisch und schädlich sind.

Die beyden Nächte bracht ich, in meinem Mantel gewickelt, auf dem Verdeck zu; nur gegen Morgen ward es kühl; ich bin nun in den 45 Grad würcklich eingetreten und ich wiederhohle ich will ihnen alles lassen, wenn ich nur wie Dido so viel Klima mitnehmen könnte als ich mit einer Kuhhaut umspannen könnte

um es nun näher Betrachtung zu bringen.
Es ist nur eine Skizze.
Ich habe nicht gesehen was Volkmann
vom p. 484 – 489 anzeigt. das Bild
Herodias und Herodes ist nicht bedeu-
tend. Johannes in seinem prächtigen Weißen
Gewande deutet auf die Sonne, die Köpfe
ganz gebildet den andern ist schmerzhaft
Fürsten, und der Fürst mit seiner Hand
gestützt still und klug den Propheten
an. Vor dem Könige steht eine [illegible]
mit Halsketten [illegible] und mit dem Orden
die Herodias kommt mit leeren [illegible]
hinter, die Lage der Propheten [illegible]
Mich dünkt das ist nicht glücklich.
Raphaels Grabmal ist edel Marmor,
schlecht vergoldet.
[illegible] Kreuztragung ist [illegible]
meine [illegible] oder [illegible]
es [illegible] nicht [illegible]
ist. [illegible] noch kaum im [illegible]
nicht jemand [illegible]
Von einem schönen Akademischen Institut
das nur aus seinem bürtigen Kardinal be-
schützt und bewacht, kann ich dir für Mo

Lebhaft nichts mehr sagen.
Auch sind in dem Hofe einige köstliche
alte Monumente.

Heute d. 17. Abends 6.

hierzu [illegible]

In einer bessern Stimmung als gestern
Abend schreib ich dir heute aus Quer-
cius Wetterstadt. Über allen Dingen
Diese Wolken. p.

Ein freundliches wohlgebautes Städtgen
ohngefähr 5000 Einwohner, welches,
lebendig wirklich in einem unübersehlichen
Thale liegt. Ich war nach meiner Ge-
wohnheit auf dem Thurm. Ein Meer
[illegible] gerissen, denen man
in der Nähe die kleinen Baumgärtgen an-
blickt, jeden mit seinem Feld umgeben.
Köstlicher Boden u ein milder Klima.
Es war ein Abend, wie wir dem Himmel
manchen Sommerabend [illegible] zu haben.
Der Himmel, der den ganzen Tag bedeckt
war, hat sich aufgeheitert die Wolken
haben sich nach d. Südwestl. am
Gebürg gelagert d. ich hoffe einen
schönen morgenden Tag.

Sie haben hier zwey Monate eigentlich
Winter, Dez. u. Jan. u. einen regnichen
April. Die übrige Zeit nach Beschaffenheit
der Jahrszeit gut Wetter. Nie an-
haltenden Regen. Doch war dieser
Sept. auch besser u. wärmer als ihr
August.
Wie freut ich mich heute die Apenninen
zu sehen. Denn ich bin der Flächen nun
herzlich satt. Morgen schreib ich dir
an ihrem Fuße.
Hier sind einige Bilder von Guercin. die
man Jahre lang ansehen könnte.
Die liebsten sind mir:
Der Auferstandene Christus, der seiner
Mutter erscheint. Sie kniet vor ihm
und sieht ihn mit unbeschreiblicher Innig-
keit an, mit der andern fühlt sie an
seinem Leib, gleich unter der unglückse-
ligen Wunde, die das ganze Bild ver-
dirbt. Er hat seine linke Hand um ihren
Hals gelegt und biegt sich um sie in
der Nähe anzusehen ein wenig mit dem
Körper zurück. Das giebt der Figur ein

kleine Skizze [illegible], ich will nicht
lange geschrieben aber doch bemer-
ken: das ~~[illegible]~~ Wohnzimmer bleibt
hier unendlich angenehm. Und der
stille [illegible] Blick mit dem er
hinaufschaut, als wenn ihm seine Freun-
dinn [illegible] in ihren Leiden, die
durch eine Auferstehung nicht gleich
gemacht werden, [illegible] der edlen
Seele [illegible].
Strange hat das Bild gestochen, es
ist diese Zeichnung nach der es in
der Loggia hängt.
Dann folgt eine Madonna. das
Kind [illegible] nach der Brust und
sie [illegible] ihre Brüste
zu entblößen und sie ihm zu reichen.
köstlich schön.
~~auf~~ Dann Maria die dem über ihr
schwebenden und nach dem Zeichen
[illegible] Kinde, dem Knie [illegible]
[illegible] mit aufgehobenem Finger von
den [illegible] Seile. Ein [illegible]

der katholischen Mythologie ein glück-
licher Gedanke.

Guercin ist mir unendlich werth ein
lieb gesunder Mensch ohne Rohheit,
vielmehr haben seine Sachen eine
innerliche Moralische Grazie, eine
schöne Freyheit und Großheit. dabey
eine Eigenheit daß man seine Werke
wenn man einmal das Auge drauf
gebildet hat nicht verkennen
wird.

So rück ich nach und nach. die Venetia-
nische Schule hab ich recht gesehen
morgen komme ich nach Bologna, da-
nn auch meinen Augen die Engi-
lische Herrlichkeit erblicken werden

Was aber die Natur dem Auge nicht gönnt
weiß ich nicht recht. Wenn ich meinem
Vergnügen folgte, ich käme nicht aus
dem Wege und sähe nichts gerad recht.
Nach ungefähr Tagen und einer Gesellschaft
von 20 Personen ist gestillt!: und es
ist mir immer noch als wenn nicht
möglich wäre.

Von G. Kügelgen sag ich nichts als
daß eine Leichtigkeit und Reinigkeit
und Vollendung die unglaublich
ist. Besonders schön ist der braun
gebrochenen Farben hat er zu den
Gewändern gewählet.
Die Gegenstände der übrigen Bilder,
die ich nicht nenne sind mehr
oder weniger unglücklich. Der
gute Künstler hat sich immer-
fort und durch Erfindung und Pin-
sel, Geist und Gemüt verschwen-
det, und verloren.
Es ist mir lieb und werth daß ich
auch das gesehen habe, obgleich in
diesen Werken immer wenig Ge-
nuß ist
Gute Nacht m. L. ich habe auch heute
Abend keine rechte Vernunft.
Du verzeihst daß ich so hinschreibe, und
ist doch in der Folge nichts als ein
weiß Blatt. Gute Nacht.

d. 18. Bologna. Abends.

Ich habe eben einen Entschluß gefaßt, der mich sehr beruhigt. Ich will nur durch Florenz durchgehn und grade auf Rom. Ich habe keinen Genuß an nichts, biß jenes erste Bedürfniß gestillt ist; gestern in Cento, heute hier, ich eile nur gleichsam ängstlich vorbey daß mir die Zeit verstreicht, und dann mögt ich, wenn es des Himmels Wille ist zu Allerheiligen in Rom seyn um das große Fest am rechten Orte zu sehen und also einige Tage voraus, da bleibt mir nichts übrig als daß ich Florenz liegen lassen und es auf einer frohen Rückreise mit geöffneten Augen sehe.

Auch hier in Bologna müßte man sich lange aufhalten.

Siehe numehr Volkmanns ersten Theil, von pag. 375 biß 443.

p. 402. Madonna di Galiera. Die Sakristey trefliche Sachen.

p. 403 Giesu e Maria, die Beschneidung

von Guercin. Dieser unleidliche Gegen-
stand, ganz trefflich ausgeführt.
Ein Bild, aber man hätt sich daneben
kein gemacht. Es ist alles darin
respecktabel, und ausgeführt ist
es alles als ob es Familien wären.

425. Gall. Tanari. Der Kopf der Maria
als wenn ihn ein Gott gemacht hätte.
Der Ausdruck ist unbeschreiblich
mit dem sie auf das säugende
Kind herunter sieht. Mir deuchte
eine stille tiefe Duldung als
wenn sie das Kind, nicht das
Kind der Liebe und Freude sondern
einen untergeschobenen himmlischen
Wechselbalg nur so an sich saugen
liese, weil es nun einmal so ist
und sie in tiefer Demuth gar nicht
begreift wie sie dazu kommt.
An der übrigen herrlichen Figur
ist wenig Genuß. Das ungeheure
Gewand, so herrlich es gemacht ist
bleibt doch nur Gewand. Auch sind

die herben dunklen Gewölben, das
Zimmer ist nicht das hellste und
es weht ein trüber Geist.

p. 387. Ich war im Institute. Davon
will ich dir nichts sagen. Es ist
eine schöne edle Anlage, aber wie
Deutschen so ultramontan worden
sind, sind doch in unsern Versamm-
lungen, Akademien, [illegible] ge-
arbeiten vorgerückt. Doch will ich ihnen
gerne Gerechtigkeit widerfahren lassen,
daß es viel ist in seinem Geiste da
alles aufzuweisen und einen allgemeinen
[illegible] bereit zu finden.

Heute früh hatte ich das Glück den [illegible]
[illegible], geistlichen [illegible] und
[illegible] die [illegible] zur [illegible]
[illegible] zu finden. Es
giebt einen frischen Reiz und eine
<u>[illegible]</u> [illegible] nicht
viel sollen aufzuweisen [illegible]. Ich
habe selbst [illegible] wie ein
Kind und an der Behandlung selbst
habe ich das [illegible] [illegible]

[illegible]

d. 19 Abends.

Ich möchte dir nun auch gerne wieder einmal ein ruhig, vernünftiges Wort schreiben denn diese Tage her will es nicht mit mir. Ich weiß nicht wie es diesen Abend seyn wird. Mir rückt die Welt unter den Füssen fort und eine unsägliche Leidenschaft treibt mich weiter. Der Anblick des Raphaels und ein Spaziergang gegen die Berge heut Abend haben mich ein wenig beruhigt und mich mit leichtem Band an diese Stadt geknüpft. Ich sage dir alles wie mir ist und ich schäme mich vor dir keiner Schwachheit.

Zuerst denn die Cäcilie von Raphael. Es ist was ich voraus wußte nun aber mit Augen sah. Er hat eben gemacht was andre zu machen wünschten. Um ihn zu erkennen, ihn recht zu schätzen, und ihn auch wieder nicht als einen Gott zu preisen, der wie Melchisedech ohne Vater und Mutter erschiene, muß man seine Vorgänger, seine Meister ansehn.

diese haben auf dem festen boden der
Wahrheit Grund gefasst, sie haben die
breiten Fundamente, worauf sie zu ruhen
gelangt, sie haben mit einander wett-
eifernd die Schwesterkünste
in die Höhe gebracht, bis zu letzt
er, der alle diese Vortheile un-
terstützt, aber einem himmlischen
Genius gleich erleuchtet die Schöpfung
der Vorgänger, den letzten Stein
aufsetzte, über dem kein anderer,
neben dem kein anderer stehen
kann. Aber das Bild wundlich dem
als ich weiter nichts zu sagen als
dass es bei ihm ist. Fünf Heiligen
neben einander, die wie alle Kunst
ansehen, deren Richtung aber so
vollkommen ist, dass man den
Bilder ein wunder in der Heiligkeit
staunst, wenn man gleich zu-
frieden ist selbst aufgelöst zu
werden.
Die älteren Meister sah ich mit
besonderem Interesse, auch seine
ersten Sachen, wiewohl die Manier
ist gar ein [illegible] Künstler

selbst zeugen daß man sagen möchte
ein ehrliches deutsches Herz.
Hätte doch das Glück Albert Dürern
über die Alpen geführt. Zu München
hab ich ein paar Stücke von ihm bei
unglaublicher Grossheit gesehen. Der
arme Mann stellt seine niederlän-
dischen Reise als er den Herzogen
unterhandelte auf. Es ist mir unendlich
rührend ihn ein armer Mann den
Künstler, weil es im Grunde doch
mein Schicksal ist, nur daß ich
mir ein klein wenig besser zu
helfen weiß.
Der schönsten Traum fängt an
in Erfüllung zu gehen. denn
wahrlich wenn ich aufstunde kam
ich recht und den köstlichsten
Geflügel durchlaufen, und die
Entwicklung erwarte ich auch
Im Herbst. Hab ich ein St.
[illegible] gefunden, die
wenn gleich nicht ganz echt
halten ein herrliches Bild ist.

Er hat ihr nun gefunden, süßen Traumfre-
Eintracht gegeben ohne Ruh, doch ohne
Kälte u. [illegible]. Ich habe mir sie
recht genommen und würde die unsere
meine Schöpfung verlassen und meine
Feldern müßte sagen lassen was
diese [illegible] nicht sagen könnte.

Vor allem andern muß ich bestätig-
was sagt man als was man über
die ungehemmten Triebe endlich selbst
voll wird. Es ist als ob sich die
Liebe Gottes mit dem Tiefsten der
Menschen vermischten in erhabenen
Vergessen [illegible]. Ja dann der
himmlischen Stimme der Gnade, im
Inhalt der nun das Vollkommene
was in unserer Stimme fällt fort-
wollen sollen, sich ergießt, mich
[illegible] die Augen aus dem
allschauenden, dämmern, und keine
Schattenseiten der Gestalt gänzlich zu
verwandelnden Gegenständen
abwenden.

und so gehts durchaus.
Man ist immer auf der Anatomie,
dem Rabenstein, dem Schind-
anger, immer *Leiden* des Helden
nie *Handlung*. Nie ein gegen-
wärtig Interesse, immer etwas
phantastisch erwartetes. Entweder
Mißethäter oder Verzückte, Ver-
brecher oder Narren. Wo denn
nun der Mahler um sich zu retten
einen nackten Kerl, eine schöne
Zuschauerinn herbeyschleppt. Und
seine geistlichen Helden als
Gliedermänner tracktirt und ihnen
recht schöne Faltenmäntel über-
wirft. Da ist nichts was einen
Menschenbegriff gebe.
Unter 10 Sujets nicht eins das
man hätte mahlen sollen und
etwa das eine hat er nicht von
der rechten Seite nehmen dürfen.
Der große Guido p. ist alles
was man mahlen, und alles was

[illegible] bestellen u. [illegible] einen
Maler finden kann, es ist mir [illegible]
bald, ich glaube der ganze [illegible]
[illegible] gemalt und auch bestellt.
Die beyden Engel die [illegible]
mit [illegible] in ihrem [illegible]
müssen hier —— die [illegible]
[illegible] der mir [illegible]
[illegible] Figuren, aber wenn die an-
dere Landschaften und Geschichten.
[illegible] sind [illegible] Kinder der
mit Attributen zu stellen.
Der Maler [illegible]
der [illegible]
[illegible]
[illegible] nicht die [illegible]
[illegible]
Zeichnung [illegible] Figuren [illegible] Guido
[illegible] in der [illegible]
mit [illegible]
gemacht und [illegible]
[illegible]

die andern kennt sich.
Wir stellten die Geschichte dagegen
unseren und die Welt sahen den
Aberglauben ist eigentlich wird
schon über die Dinge gewandert
und hat sie zu Grunde gerichtet.
Aber dürfte es selbern, nach dem
fromme Gedächtnis der ......,
der nördlichen Völker. Denn auch
Italien ist noch nördlich und die
Römer waren noch ein Bar-
barenvolk, die das schon wollten,
aber nun ein schönes Wort
wurde. Sie gliederten ihre
Welt und brauchten doch gewisse
Schranken um sich die Wagen
nach dem Leib zu geben.
Überhaupt! Sich ich schon zu
viel davon!
Nun nur Wort! Wenn die Ge-
schichte so einen Grund fühlen
ergreifen konnte, die erst in

12

Geistern zu einem [illegible]
Tempel zugestehen, denn auch
[illegible] geschlagen wurde
[illegible] die Reise nach Rom [illegible]
das ausgesetzt ward und auch
[illegible] wieder [illegible]
[illegible] und einem andern Gott zu
schon zu rechte gestellt. O man
sieht wahrlich das größte der
Menschenthum und Wohlthun.
Nur da ich ein Künstler bin, so
ist liebsten wenn auch allein
von dem Künstler Gelegenheit
gäbe [illegible] zu zeigen [illegible] ihr
ist und ein bekannter Harmonien
aus den Tiefen der Begeisterung an
das Tageslicht zu bringen.
Großen Menschen denen ich das Glück
[illegible] [illegible] [illegible] habe, habe
ich nähere kennen lernen [illegible]
und [illegible]. Es war an ihnen auch
ein [illegible] [illegible], an

daß sie die Grenzen und Gesetze ihrer
Kunst im höchsten Grade kannten
und mit Lustigkeit sich darinn
behandelten, sie ausübten, nicht
sie so genau.

Gegen Abend war ich auf dem Thurm.
Die Aussicht ist herrlich.
Gegen Norden sieht man die Padu-
aner ~~Gebürge~~ Berge, dann die Schweizer, Tyroler
Friauler Gebürge, genug die ganze nördliche
Kette, letztere diesmal in ~~W~~
Nebel. Gegen ~~Morgen~~ Abend ein unbe-
gränzter Horizont aus dem nur die
Thürme von Modena herausstechen,
gegen ~~Abend~~ Morgen eine gleiche Ebne
bis ans Adriatische Meer, das
man Morgens sehen kann, gegen
Mittag die Vorhügel der Apenni-
nen bis an ihre Gipfel bepflanzt
bewachsen, mit Kirchen, Pallästen
Gartenhäusern besetzt, so schön
wie die Vicentinischen Berge.
Es war ein ganz reiner Himmel
kein Wölkgen, nur am Horizont

mein Arzt Scharrach. Der Schirmer sagte
daß man seit sechs Jahren diesen
Nebel nicht aus der Gegend kenne
doch habe er mit dem Schrecken
die Berge bey Wörnitz genannt und
ihren häufigen D. f. b. unterhalten
können, jetzt bey der kältesten
Tagen nur halten, und der Nebel
legt sich dann all an die nördliche
Halle und macht uns so Leben und
Vaterland gar nicht warme Sonne
eines.
Es läßt mich auch die gesunde
Lage und Luft des Orts eben be-
merken, daß ihre Häuser nicht
nur aufgesetzt und kein Eingang
durch Feuchtigkeit und Moos
eingegriffen ist. Es ist wohl
für sind alle von, als die Gäste
ihre Eingaben mag auch älter
dazu beitragen, erkannt und
in alten Zeiten haben sie solche
Leute gekannt.

Der hängende Thurm ist ein abscheuliches Anblick, man traut seinen Augen nicht und doch ist höchst wahrscheinlich daß er mit Absicht so gebaut worden. Er ist auch von Ziegeln, welches ein gar künstliches sichres Bauen ist. Kommen nun die Eisernen Bande dazu, so kann man freylich tolles Zeug machen.

Heut Abend ging ich nach dem Gebürg spazieren. Welch viel für schöne Lusthäuser, Wege und Gegenstände sind. Mein Gemüth ward erheitert und ein wenig beruhigt. Ich will mich auch fassen und abwarten, hab ich mich dreisig Jahre geduldet, werd ich doch noch 14 Tage überstehen.

Hundertfältig steigen die Geister der Geschichte aus dem Grabe, und zeigen mir ihre wahre Gestalt

Ich freue mich nun auf sie manches
zu lesen und zu überdencken, das
mir in Vereinigung meines Idea-
lischen Begriffs unerträglich war.
Die bevorstehende Messe ist mir
außerordentlich verleidet da ich sie
gar nicht gebraucht hätte. Nun
und abgebrochen ist. Ich verstehe
kein Wort davon bei und einer
der andern, das Unangenehmste ist
mit Klugheit vergangen.
Gute Nacht. Im Vergnügen
gedenck ich offt dein, und bey jeder
guten Sache. Ich stelle mirs immer
als möglich vor, die das alles
noch lesen zu lassen.
Indess und bis ich wiederkomme
nimm mit meiner Zueignung
vorlieb. Heut Abend hab ich
mich besser als die Vergangenen
betragen. Gute Nacht.

d. 20 Abends.

Heute ein heiterer schöner Tag den ich ganz unter freyem Himmel zugebracht habe. Darum nah ich mich wieder den Bergen; so hab ich dich auch von Mineralogie zu unterhalten.

Ich ritt nach Paderno wo der bologneser Stein gefunden wird, der ein Gypsspat ist und nach der Calcination bey Nacht leuchtet.

Auf dem Wege fand ich schon ganze Felsen ferner aus No 2 zu Tage anstehen, nachdem ich ein lettig sandiges Gebirg No 1. hinter mir gelassen hatte. Bey einer Ziegelhütte geht ein Wasserriß hinunter in den sich viele kleinere ergießen. Man glaubt erst es sey ein bloßer aufgeschwemmter Leimenhügel der so vom Regen ausgewaschen sey. Näher aber hab ich von seiner Natur entdeckt.

das Gebirg besteht aus einem an sich
No 3
festen Gestein das aus feinschiefrigen
Lagen zusammengesetzt ist, und mit
Quarz abwechselt. das lettige Gestein
ist so innerlich mit Schwefelkies durch-
zogen vermischt daß es wo Luft und
Feuchtigkeit es berühren können, ganz
und gar verändert wird, es schält sich
auf, die Schiefertafeln verlieren ihr
Gefüge, es wird wie bei Letten die
mürbste Erde zerbröckelt, auf den
Flächen glänzend. ist die Weinhefen
No 4. daß wenn man nicht an
großen Stücken (: denn ich mehrere
zerschlagen :) die beyden Gestalten
des Steins sähe, man es kaum glau-
ben würde. Zugleich beschlagen
die mürbschiefrigen Flächen mit weißen
Punkten, abwechselnd bald grüne
gelbe Farben drinne, endlich wenn
Luft und Regen auf den äußern
Theil wirken, wird dieser lettig

und brüchlich und das Gebirg
scheint aus einem abwechselnden Schwe-
fel kies im Ganzen und.
Es finden sich unter den braunen
auch schwarze, ~~Ler~~ Grüne, Rothe
No 5. 6. Schwefelkies habe ich
nie bemerkt, dagegen fangen wir
schwarzen Gestein gefunden No 7.
Ob die Gypsblasen zwischen den ~~L~~
Bruchstücken auch schon gebildet waren
oder nach Verlauf der Zeit, ich
kenne Beide nicht. 8 Eigentlich aber
ist der Brei mit Gypsschlot der
in Höhlungen zu entstehen scheint.
Das ~~W~~ Wurzelstein in seine erste
Gestalt entstehen kann, daher be-
mühte ich mich das abzulösen. Gyps-
schlot erst entsteht wenn das
~~Gebi~~ Gestein sich aufsprengt und
zu Klüften und hie und da Höhlungen
läßt in diese dringt die in dem Gebirg
befindliche aufgelöste Vitriol Materie.

NB auch findet sich einer Gypsschlot. 9.

und überschüttet sich mit den Scherben
Spielzeugs. Die alten wollen sie in
der Heilig. Gräber aufführen.
Ein Kriegskennzeichen ist die Scheiben
die gleich auffällt.
Heute muß ich schließen; ich hatte
die Kathedrale zu sehen, aber nach dessen
frühen Weg durch den Dorf ging —
aber es scheint der Himmel erhört
mich. Es ist ein Schauern der Freude
u. ich werde übermorgen fort gehen
so muß ich heute Nacht noch meine
Sachen packen d. einigen Tag vorher
Lebe wohl. Heute war ein toller
schöner u. frischer Tag an dem mir
nichts fehlte als du.

d. 29. Abends
Lagern auf dem Romagnischen
Gebirg.

Ich bin heute noch aus Bologna getrieben
worden, u. jetzt hier in einem elenden Vorwerk
hause in Gesellschaft zweier anderer gebildeter
Offiziers, die nach Perugia ihrer Unterkunft
gehn, eines Engländers mit seinem sogenannten
Schatze. Gute Nacht.

Den 26 Abends

Girgenti.

Alles kleine Kloster auf den Ruinen
in denen ich mich recht glücklich fühle,
wenn meine Gesellschaft besonders
der englische Theil überall zu klagen
findet.

Die Ruinen sind mir ein merk-
würdig Stück Arbeit. Wenn die Gebirge
erst nicht zu steil, wenn sie nicht zu
hoch über der Meeres fläche, und nicht
so sonderbar verschlungen, daß selbst [illegible]
und Fluth der Alten Zeiten [illegible] hätten
[illegible], auch keine großen Flächen
überspülen können; so wäre es nicht
der schönste Lande. In dem schönen Lande,
welches [illegible] als das andere Land [illegible].

Da aber ist es ein seltsames Zustand der
Bergrücken gegen einander, wo man oft
gar nicht absieht, wohin das Wasser
seinen Ablauf hat. Wenn die Thal
becken ausgefüllt, die Flächen mehr
geebnet und überspült wären, würde
es schwer zu vergleichen seyn und

daß die Bergrücken auf alle Weise
einen andern Charakter haben.
Du mußt dir also keine Bergschichten,
sondern nur meist bebautes gebirgig
Land vorstellen denn das war nicht.
Castanien kommen hier sehr schön. Der
Weizen ist trefflich den sie hier bauen
und die Saat steht schon hübsch grün.
Eichen mit kleinen Blättern sind drunter
(Steineichen:) stehen am Wege, und
um die Kirchen, Capellen schöne
Cypressen.
Gestern Abend war das Wetter trüb
heut ists wieder hell und schön.
Mit den Vetturinen ists eine leidige
Sache, das beste daß man ihnen
bequem zu Fuße folgen kann.
Meine Gesellschafter ist mir schon be-
quem, ob ich gleich lieber, um an der
Iphigenie zu arbeiten, allein wäre.
Heute früh saß ich ganz still im
Wagen und habe den Plan zu dem
großen Gedicht der Ankunft des Herrn
oder dem ewigen Juden nun recht ausge-

dacht. Komme mir doch der Gedanke
am Rhein gehe nach und nach das
alles umzuarbeiten, wenn ich ein
Dame habe. Es ist unglaublich das
mich diese vier Wochen nicht Freude
Grundbegriffe der Natur so ..ft,
als der Künstler geschaffen haben.
Sagt ich dir schon daß ich einen
Stern zu einem Grundstein Akropolis
und Schön gemacht habe? Für Ver-
storbene Gedanken, der Natürlichkeit
gleichen könnte.
So mußt dem Geheimnis nicht nach
hören! Was aber aus dem Fräulein
worden?
In Bologna habe ich noch so manches Ge-
sehen was dir ich schildere.
Einen Hofmann und noch eine ganze
Familie von Vorsehung und ein paar
Arbeiten von Guido und den Carracci
die vorzüglich sind.
Ich lerne eine Engländerin an, die in
einem Bilde Kupferstecherei gefällt,
gar artig einen Guido kopierte.

Wie sehr wünschte ich bei dir heute ein glückliches zu sehn.

Einige Köpfe aus dem [illegible] Walde gemacht sind schön. Es ist [illegible] gekommen

Einen guten Gedanken hab ich an einer Statue einer Andenmädchen gesehen. Die steht mit an die Seite gebundenen Händen fest auf den Fußspitzen und der Kopf und ~~die~~ die Augen [illegible] einen Halt zu geben sucht einen kleinen Amor neben ihr kniend der sie mit der andern Hand um den Fuß faßt und mit der rechten einen ~~Pfeile~~ Pfeil auf das Auge- [illegible] sie ist natürlich eine gegenwärtige [illegible] ist sich [illegible] der Gedanke hat mir sehr gefallen es ist natürlich und graziös und ein Grund um ein nothwendiges Hülfsmittel die Statue stehen zu machen

Gute Nacht. Es ist kalt und ich bin müde Gute Nacht! Wann werd ich dir dies Wort wieder mündlich zurufen!

Perugia d. 25. Abends

Zwey Abende hab ich nicht geschrieben
es war nicht möglich, unsre Herbe-
gen waren so schlecht, daß an kein
auslegen eines Blats zu dencken
war. Es bleibt mir viel zurück.
Indeß wird nun auf alle Fälle die zweyt-
te Epoche meiner Reise von Vene-
dig aus weniger reichhaltig und
mehr als seine Vorfahre.

d. 22 früh unsrer Uhr um 10 kamen
wir aus den Apeninnen hervor
und sahen Florenz liegen, in einem
weiten Thal das unglaublich
bebaut und ins unendliche mit
Häusern und Villen besät ist.
Von der Stadt sag ich nichts die ist
unzähligemal beschrieben. Den Lust-
garten Boboli der gar köstlich liegt
hab ich nur durchlaufen, so den
Dom, das Battisterium, an denen
beyden Gebäuden der Menschenwitz
sich nicht erschöpft hat.

der Nacht hört man den [illegible]
an der [illegible] hat und mir folgen
den [illegible] [illegible].
Überhaupt hält er nur wie in
[illegible] gleich die öffentlichen [illegible]
als [illegible] Lande für mich [illegible]
[illegible] [illegible] haben, das ist
alles wie ein [illegible].
Weil ich nämlich von dem Regimen-
te fragte weil sie sagen konnten das
ich dabei war. Weil er freilich sich
lang, hat das alte Mann nicht
seine Schuldigkeit gethan und [illegible]
Knie beiden ausgeschnitten, er ist
halbgelb und sehr leicht zu ver-
brennen sie schlugen ihn aber noch
nicht auf die erstaunliche Art.
Ihr Schlag hat keinen Nachdruck, und
die Schlagscheere ist nicht beträcht-
lich, so schlägt sich der [illegible] sie
seinen [illegible] gebunden hat, und [illegible]
die Farbe [illegible]. Es wird bis [illegible]
mal geschlagen. Wenig und mir

sehr leichten Augen habe ich gesehen
und den Strom hin mit den Häu-
sern. Welche Wunder der Natur hier
würde bey Schilderung ihrer Er-
scheinung auch noch sehen werden.
Zuletzt kam hier den [illegible]
und dann stiegen hier [illegible]
Vulkane auf und ergossen [illegible]
Strahlen, alles so geräthet auf
das Angenehmste allerdings
[illegible]. Die Kunst [illegible] mir
in die Höhe auch den Vulkan [illegible]
den [illegible] [illegible] [illegible]
her [illegible] [illegible]. Ich
begreife es noch nicht so ganz
warum sie so viel [illegible]
[illegible] [illegible]. Am [illegible] [illegible]
[illegible] als sie [illegible] zu
[illegible] haben, aber auch die
[illegible] [illegible] [illegible] [illegible].
Gründlich bin ich noch nicht unter-
richtet.

bey Roveredo stand sich mir gar
herrliche Pflanzen auf, welche ich [illegible]
[illegible] gedacht habe und die [illegible]
[illegible] bemerkte.
Keine Thüre [illegible] kein Schloß
haben, keine Fensterstöcke, alles
[illegible]. Aber man [illegible] doch nur
[illegible] ein [illegible] Wort
des [illegible] als [illegible]
und es ist [illegible] gemacht.
[illegible] habe [illegible] für diese
für die [illegible], die sie [illegible]
haben bringen. Es stunden auch
[illegible] gesehen die jetzt schon
grün stehen und im März
Früchte bringen. So auch ist
der Baum schon geblüht und ge-
[illegible] [illegible] den [illegible]
über und wird nun durch den
[illegible] [illegible] [illegible]
sollte es nicht erhalten.
Die Oelbäume sind wunderliche
Pflanzen. Sie sehen alt fast

die Schneiden sich, sie verlieren sich
am Schluß und die Länder gehen in-
einander. Alles sieht so gleich
ein [festes?] [vernünftiges?] Ansehn.
Man sieht dem Boden an daß er
sehr bequem liegt, und daß er
aufs reinlichste durchgearbeitet ist.
das Feld ist auch [schneidermäßig?]
und wenige Klöße am [Zeige?].
Von Florenz, von den Bergen, ist
alles mit Oelbäumen und Weinstöcken
bepflanzt und dazwischen
wird das Feld zu Körnern
benutzt. bey Arezzo und so weiter
läßt man die Felder freyer.
Ich finde daß man dem Epheu
nicht genug wehrt, der die Oel-
bäume und andre Bäume aus-
zehrt. das doch ein leichtes wäre.
Wiesen sieht man gar nicht.
Man sagt das türkische Korn
habe es weggetrocknet worden seit
das Getraide sehr wird. Ich glaube
wohl bey dem geringen Dünger.

das wusste ich alles nun so zu über-
bezeugen und ich freue mich dem
doch das schöne Land zu sehen
wenn gleich die Unbequemlich-
keiten groß sind.
Ich sehe fast sorgfältig das
Land für sich, aber so seine
Einwohner, die Kultur, das Ver-
hältniß der Fürsten unter einan-
der gehört auch dem Fremden und
was und wie es dem Land zu
betrachten.
Jetzt fällt mir nur das ich die
Verhältnisse <u>Ungarn Siebenbürgens</u>
als schön und gut beurtheilt haben
muß, ob sie mir gleich interessant
dort sind, und die andern die mich
nicht interessirt ich selber kennen
möchte.
Mein Kriegskamerad ein Graf
Enchon ist sehr recht gute
Art Menschen, auch ein recht
Italiäner.
da ich aber still und nachdenklich

[illegible]; sagte er niemals: che
pensa? non deve mai pensar l'uomo,
pensando s'invecchia und [illegible]
[illegible] Geschichte: non deve
fermarsi l'huomo in una sola
cosa, perche allora diventa matto,
bisogna aver mille cose, una con-
fusione nella testa.
Unterdessen [illegible] da zu meinem [illegible]
[illegible] und ich glaube daß der
[illegible] das alte Mambres, toujours
faisant de profondes reflexions,
geräuspert habe.
Heute Abend haben wir Abschied
genommen, mit der Versicherung
daß ich ihn in Bologna, wo er
im Quartier steht, auf meiner Rück-
reise besuchen wollte.
Ich schreibe nur so hin, [illegible]
[illegible]
[illegible]
[illegible]

Auch hier ist allerdings zu sehen daß
ich Gegen leiste, ob ich auch schon
bemerken muß ich die Augen nicht
aufthun, auch sonst nicht arbeiten.
Ich habe nur drey Tage hier
und ist mir auch alle [illegible] ich
ein [illegible].
1: Hier von Ihren Bemerkungen die
[illegible] fordern zu sehen.
der Brunnen will wegen [illegible]
zu bringen und viel [illegible] haben
in der Kleinen Wand [illegible] zu schaden
die Feuchtigkeit daß zu dringen
kann nicht gänzlich ausgebracht
werden und giebt einen [illegible]
schlechten Geruch.
Auf ferneres habe ich gesehen daß
für die Schornsteine mit geschlung-
enen Ziegelsteinen [illegible] der
that nicht gut und die alten Ziegel
die zu [illegible] [illegible] werden
zu [illegible] gebraucht. Auch Garten
[illegible] zu [illegible] sind hier [illegible]

gut sobald ich nach Hause komme
will ich Ihre Sache in Ordnung machen :|

Goldbrunn scheint mir gut angelegt,
es hat alles so ein ganzes An-
sehen. Es ist alles herrlich und
zum Nutzen und einem edlen
Gebrauch.
Auch der Kirchhof wollen wir
näher ansehen.
Der Wert des Herbstes scheint sich
zu erhalten weil er nicht mehr zu-
gehen kann.
Der Bau der Königin ist ein schö-
ner Anblick. Recht herzlich wünschte
ich mich jemanden von den meinigen
an der Seite. Wohl ist der Herzog
unglücklich und der andere Leidenschaften
ihn von einer solchen Reise abhalten
die er mit Bequemlichkeit und Freude
machen könnte.
Wenn ich diese Reise noch einmal mache
wünschte ich 6 auch nur und beide - denn

23

mit dem verschiedenen Gelde, den
Preisen, den Wechslern, den
schlechten Wirthshäusern ist es
eine unerträgliche Noth, daß eine
so ganz [illegible] als ich allein
gehabt und immerwährenden Genuß
[illegible] selbst auch unglaublich
genug sich finden mußte. Ich
habe nichts gemacht als [illegible]
[illegible] habe auch etliche [illegible]
[illegible] und [illegible] für mich
mit [illegible] und [illegible]
bedingen; so bin ich so zufrieden.
Seitdem ich [illegible] gesehen
habe, wenn [illegible] ich die Herrlichkeit
[illegible] überzeugt als ich hier gesehen
habe. Die [illegible] und
andern Schilderungen zu [illegible]
halten.
Ich fühle [illegible] [illegible] die
Kälte und die Unbequemlichkeit meines
Schreibtisches. Ich habe Dir [illegible]
gedacht diese [illegible] Tage daß ich

erstaunenden Arbeiten zu Stande
bringen mußten.
Wenn man die ersten gewölbten
Jahre auf die Menschen nicht
mehr sorgsam hinnahm Lasten
und sich aus ungeheuren und Noth
in Höhlen arbeiteten und
verkehrt sehr alt ist so muß
man die Gebäude sehr sonder
befunden auch dem Lande
ansehen. Gang in Stein und
Gewölbe der Höhlen.
Eine unglaubliche Vorzüglichkeit
haben sie per non invecchiarsi.
So muß ich dir einmal eine
Beschreibung eines Wettrennen
Schornsteinarbeiters machen und seine
Genealogie welche ich aus seinem
gemacht habe, und es fällt keinem
Menschen ein, diese Art Schornsteinarbeiter
zu bewundern würdiger, Menschen und Thiere
begünstigen und ihrem beliebigen Verhalten

zu machen; und es kommt mir so eine
Kleinigkeit an, die sich in jedem
andern Lande der fünfzig Jahren
gefunden hätte.
Nun gute Nacht. Es geht
recht stark. Ich bin die ganze Zeit
zugegangen und habe mich recht
zu dir; schon fängt mich der
Schnee an zu umsteigen der sich
bald mit Macht zerstäuben wird
begann wird.
Gute Nacht.

d. 26 Abends

Ich hatte heute Abend ein unaus-
stehliches Verlangen dir zu schreiben
und kann es nicht befriedigen.
Schlaf ein

Heiligen.

völlig in einer schwarzen Haus-
haltung, so selbst um mir herum
in einem großen Halbe versammelt
ist und schwatzt, trinkt, ein kleines
Füssen schadet, der die Hochzeit von

kann gemacht wird. Ich ergriffe
die Gelegenheit der [illegible] [illegible].
[illegible] [illegible] [illegible] die Schnelle [illegible]
abwärts zu fahren.
In [illegible] hab ich [illegible] zu-
sehen [illegible] [illegible] und [illegible].
die Lage der Stadt ist schön und
und etwas eingedrückt.
der Weg ging erst hinab, dann
auf einem schmalen [illegible] den
Gärten in der ferne [illegible]
Thal hin. Endlich sahen wir
[illegible] liegen. Mein Weg
[illegible] [illegible] [illegible] der Mari-
[illegible] Madonna, ich stieg bis
Madonna del [illegible] [illegible] und
bis [illegible] [illegible] [illegible] [illegible]
[illegible] Weg [illegible] ich stieg auf
einem [illegible] [illegible], [illegible] [illegible]
hinauf. Il gran Convento di
dem gerühmten u. geheiligten Gelegen-
heit liess ich links liegen, doch
dem [illegible]- [illegible] [illegible]

nicht; ich wollte mir wie der Cardinal
Bembo die Imagination nicht
verderben, sondern fragte einen
hübschen Jungen nach der Maria
della Minerva. Er ging mit
mir und wir mußten die ganze
Stadt hinaufsteigen die an einen
Berg gebaut ist. Endlich kamen
wir in die eigentliche alte Stadt
auf den Markt, und siehe das
schön heilige Werk stand da.
Das erste der alten Zeit das
ich sah. Ein so bescheidner Tem-
pel wie er sich für eine kleine
Stadt schickte, und doch so ganz
und so gedacht wie er überall
stehen dürfte.
Und nicht der Tempel allein,
laß dir ihn Volkmann beschreiben
sondern seine Stellung.
Seitdem ich Vitruv und Palladio
gelesen habe wie man Städte

nu am

bäume und [illegible] stellen möchte
hab ich meinen größten Respekt
für diesen Riesen.
So natürlich und so groß im
natürlichen. auch
[illegible] steht er ~~an~~ dem Schweizer-
[illegible] höher [illegible] dem
Klotz da noch [illegible] der Klotz ist
[illegible] kommen aber gerade [illegible]
zusammen der Klotz selbst
[illegible] und [illegible]
kommen die [illegible] zu sein
die nie sehr ~~[illegible]~~ gedrückt
[illegible] machen. [illegible]
[illegible]
[illegible] kommt. [illegible]
[illegible] die alte Zeit die [illegible]
gegen den [illegible] über möchte.
er ist gerade gegen Mittag ge-
richtet und später kann man sich
die [illegible] die [illegible]

Aussicht. Die Brücken müßten
schon vor Alters geändert sein, sagen
mehr oder weniger, denn sie
folgen nicht der Lage des Berges.
Dann begriff ich nicht recht,
warum der Tempel nicht in
der Mitte der Plattform Seite
steht, endlich fand ich es.
Die Brücke die vom Tor herauf
kommt war schon gebaut, als
ich vermuthe, und der Baumeister
richtete den Tempel so, daß
er oben der Brücke aus sicht-
bar würde, nicht ganz gerade
sondern von der Seite.
Ich wollte, ich wüßte Gott sei ein
kleines Stück machen daß es
deutlich würde. Den Tempel
zu der Freude vorgestellt habe
ich die größte Freude gehabt.
Habe meinen Ideen und Grund-

sätze beschränkt zu sehen.
b) Hier ist beinahe höhere Ordnung
die Säulenstellen dem Bogen-
mal auch Mittel oder gerade
Modell. Die Säulen haben ihr
Leuchten und über die Architektur.
jedem Wiederholen als der
Wiederholten sind eigentlich die
durchschnittenen (das) Stadel, dem so
vorigen ganz zerstreuten den Vor-
lauf hinauf. Früher werden die
alten die Stufen ungleich ausge-
ben. Unterhalb gingen auch
manche Seiten nieder, die sich auch
beobachten konnte, weil sie
[illegible] verschüttet wurde und
übrigen Steinen belegt waren.
Dieser Art den Stadel zu [illegible]
die Zeugen hinauf zu bringen

hab ich nie gebilligt, daß sie als
[illegible] oder [illegible] recht,
denn die [illegible] des [illegible]
[illegible] den [illegible] mit
den [illegible] Sinnen zu gehen.
So kann und darf der beste [illegible]
nicht lehren oder die Gegen-
wart.
(: Bei Lärmen und so entsetzlich
und die Ohren daß ich [illegible]
fort schreiben kann :)
Ich hab oft aber der alten Künstler
[illegible] und ich nun mehr [illegible]
[illegible] als jemals, daß sie
oder die Werke sich überall
zu finden müßten und auch
[illegible] [illegible] [illegible]
[illegible] [illegible]
müßten.

Nächsten hab ich einen herrlichen
Abend gehabt ich bin den
Abend noch hinüber zu sich
gegangen und habe mich mit
mit Dir unterhalten, wir wa-
ren und die Sterne die
Ohren so voll daß ich nicht
sagen kann.
Wo ich die wonne kaum mich
für sie mit Wachsamkeit
die Briefe und andern sich
weiß ich es dem Rheinberg
schöne nicht mit einem Kuss-
sagend Lächeln: wann aber
ich einmal wieder den Rhein-
berg einen schönen Abend
und ich begegnen? Ich sage
Dir meine liebe, wann sei
nun sie das Kleine nicht ver-

und hätten!
Mit dem unglücklichen [illegible].
hin sich auch [illegible] dem [illegible]
vorgebrachten Leiden hat alle
die Freude. Wir wollten
[illegible] machen.
Gute Nacht mein Liebe.
der Baron fort [illegible]. ich habe
[illegible] gedauert. Aber [illegible]
bin müde.
Mein Abendspaziergang war
gar schön. Eine stille Stunde
an einem Berg hin [illegible] und
[illegible] [illegible] [illegible].
Ich komme mit dem Walde [illegible]
[illegible] fort [illegible] mit meinen [illegible]
[illegible] [illegible] [illegible] mit einem
[illegible] Gaben wollt ich hier
oben auf [illegible]. Aber [illegible] ich [illegible]
der Mühe und der [illegible] [illegible].

[illegible] ich so [illegible] seit ich Donnerstag
und den nächsten Sonntag wird da
in Wien schlechten noch dazu [illegible]
[illegible] [illegible] und [illegible]. [illegible]
ist nur wenig [illegible] der [illegible].
[illegible] mit der [illegible] geht
durch die [illegible] ich [illegible]
und so [illegible].
Gute Nacht.

727. Abends.
Irene:

Während ich in einer Höhle sitzend, die vor einem
Jahre dem Erdbeben gelitten; sandt ich mein
Gebet zu dir mein lieber Schutzgeist.
Wie verwaist ich bin fühl ich erst jetzt.
Zehn Jahre mit dir zu leben von dir ge-
liebt zu sein und nun in einem fremden
Hotel. Ich legte mir 6 Monate und eine
die höchste Vollständigkeit konnte mich
gestärkt den Entschluß zu fassen.
Jetzt nur keinen andern Gedanken haben
als unser Leben miteinander zu endigen.

Terni liegt in einer köstlichen Gegend,
die ich diesen Abend von einem Spazier-
gange um die Stadt mit Freude be-
schaute. Ein Priester ist seit heutigen
der mich der Graf [illegible] bestellt
meine Gesellschaft. Indem daß ich
immer wieder unter neue Menschen
komme, erweitert sich stets meine
Ansicht und ich begreife daß man
nicht hier und unter einander anders
hören als daß einem hier ein le-
bendig Bild des ganzen Landes giebt.
Die leben unter einander einen so sonder-
baren National u. Stadt Sinn, können
sich alle einander nicht leiden, die Städte
sind in ewigem Streit und das alles
mit einer lebhaften gegenwärtigen
Leidenschaft, daß sie einem den ganzen
Tag Comödie geben u. sich bloß stellen.
Spoleto hab ich bestiegen u. etwas
auf dem Aquaduct der zugleich Brücke
von einem Berg zum andern ist.
Die zahmen Bergen die das Thal füllen,
Flüsse, von Waldströmen ihr [illegible]

sie rufen es und das Wasser quillt
noch immer in Strömen an allen Orten
und Enden. das ist nun die dritte
Woche der Ritter das ich habe, und
würde so schön natürlich, zustandemäßig
und wahr. Dürfen großen Sinn dem
hingefallt haben! — Es mag gut
sagen wir wollen noch neben Straßen.
— Es verschafft warme mir immer
die Willkührlichkeiten. Die belieben
Kaffee auch Weißbrennerei, ein Reiche
ein Reiche, ein angehende Leerheit
Bruststärk und so mit tausend andern
Dingen. Wer nicht nun diese
einen Erziehung hat, hat kein Leben
und kann nicht lebendig gemacht
werden, und kann nicht gerade siegen
und auch gerade werden.
Sie möchten wir besser werden und
selber freundlich und Mühe haben, ich
will auch jedem was ich kann. das
bin ich gewiß und kann er sagen
noch kein solcher schon sah ich viel.

gemalt. Es scheint verwegen, aber ich
weiß es, und weiß wohl nur mich
bestrebt nur das Wahre zu erkennen
und zu fassen.

D. Clitumnische halte ich nicht eigentlich
für die Wirklichkeit eines Tempels
das heißt einen Tempel des
Clitumnus, sondern man hat Säulen
Stücke, Gebälke gefunden und
zusammengeflickt, nicht dumm
aber toll. Eine Beschreibung wäre
zu weitläufig und ist nicht
nötig.

Die römische Geschichte wird mir als
wenn ich dabei gewesen wäre. Wie
will ich sie studieren wenn ich zurück-
komme, da ich nun die Städte und Berge
und Täler kenne. Unendlich interessiren
aber werden mir die alten Etrusker.
In Foligno konnte ich das Gemälde
Raphaels nicht sehen es ist in Paris,
für die Wiederherstellung nicht es aber
bald Paris. Bey meinem ersten Be-

schriften Verfassung Gestalten mußt
und kann ich nicht allein mitnehmen.
Rom! Rom! – Ich freue mich gar sehr
mehr und am Fuß gleich bey der
Hand zu sagen. Nach zwey Nächte!
und dann und der Himmel der Herrn
nicht auf dem Wege Schlacht; sind
etc etc.
da ich auf die Regionen der Wolken
herauf bewegen; die Wolken noch
immer nach Norden. Zum ersten
sah ich hier gegen Mittag nach
dem Ort der Sonne zu ziehen
für Ruhm sie auch heraus. Zeit
auch gegen Mittag. das alles
leicht und mit meinem Tagebuch nach
gut überein. Und ... daß die
großen Gletscher der See der Sonne
alle Wolken nach dem Süden
Gebirg schickt; so schickt sie jetzt
einen Theil nach den Regionen
im Westen nach, dessen die Umgegend. Sieh die übrigen Wolken Ruhm heraus
bringen.

das Gebirg ist sich beständig immer
mit wenigen Abweichungen gleich
Immer der alte Wald, dessen Ab-
hängen auf diesen letzten Stationen
immer fühlbarer zu werden.
Zuweilen liegt am Abhang ein schönes
kleines geistliches Gebäude, alles
ist noch Wald, nichts Kultur-
mäßiges hab ich spüren können.
Sonst aber oben wie Wolken
dörfern, sie führen zu einem
Ende. Vielleicht wird mir morgen
weiter vorkommen. Walter. Nacht.
Die Weiber tragen sie nur an allge-
meinen, sie stecken sie mit den Händen,
an andern Orten schlagen sie sie.
Wenn sie die Weiber überall bleiben
die übrigen Leute gegen das heimische
hängen. Heute hab ich auf sehr
steinigem Boden die größten Wallnuß-
bäume gesehen.

Heute früh ging ein recht kalter Wind, Abends aber ward es wieder schön und wird morgen heiter seyn. Gute Nacht meine Liebste. Ich hoffe du hast nun meinen Brief von Venedig.

Città Castellana.
d. 28. Oktbr.

Den letzten Abend will ich nicht fehlen, es ist noch nicht acht Uhr und alles ist zu Bette. Fast hätte ich dem bösen Exempel gefolgt.

Heute war ein ganz heiterer herrlicher Tag, der Morgen sehr kalt, der Tag klar und warm, der Abend etwas windig aber schön.

Von Terni fuhren wir sehr früh weg. Da ich angekleidet schlafe, weiß ich mir nun nichts hübschers als des Morgens eh es Tag wird aufgeweckt zu werden, mich in den Wagen zu setzen und zwischen Schlaf und Wachen, dem Tag entgegen zu fahren. Heute hat mich die Muse wieder mit einer guten Erfindung beglückt.

Beim Hingange oder hinauf auf den Berg
oder, die beiden habe ich nicht gesehe-
hen der Höhlen und Tiefen, Nischen
und seinen köstlichen Gegenden, aber
Verbindung auch nicht mein Plan
von einem andern Gestein.
Überhaupt liegt auch einer oben der
Gräben schnell zusammengeschlemmt
von Kalksinter und ist von Wasser
gebaut die Durchschnitte des Flüßchens
hervorgeholt sind.
Sobald man über die beiden Stag-
hinüber ist, steht man schon des
vulkanische Terrain. Man steigt
einen Berg hinauf der von rund
grauen Erde besteht, mit weißen
sogenannten Granaten. Die
Schriften die von der Höhe nach
Littre Kastellum geht, ist von aber
dieser Erde, schön glatt gestrichen,
das ganze Terrain ist nur Vul-
kanisch.

die Stadt steht auf vulkanischem
Tuff, der die gewöhnlich mit Reben,
[illegible] [illegible] bedeckt,
in der Nähe der Stadt hab ich einen
[illegible] [illegible] wieder gesehen.
Vom Schloß ist die Aussicht schön.
Der Berg v. [illegible] [illegible] ist
mit [illegible] den Apenninen [illegible].
der [illegible] meiner Überzeugung nach
[illegible] ~~[illegible]~~
~~in den ungeheuren vulkanischen~~
~~[illegible] [illegible]~~ an denen
und wo denn die vulkanischen
Feuer gewütet haben. Die Vulka-
nberge(?) sind viel niedriger als
die Apenninen und nur das
durchweichende(?) Wasser hat sie
zu Bergen und Hügeln gemacht,
es sind aber schöne Gegenstände,
abwechselnde Lagen(?)
Nun gute Nacht. Morgen Abend
in Rom. Nachher hab ich nichts mehr
zu wünschen als Dich und die übrigen
Meinigen gesund wieder zu sehen.

Rom d. 29 Octbr. Abends

Mein zweytes Wort soll an dich gerich-
tet seyn, nachdem ich dem Himmel
herzlich gedanckt habe daß er mich hierher
gebracht hat.
Ich kann nun nichts sagen als ich bin
hier, ich habe nach Tischbeinen geschickt.

═

Nachts.

Tischbein war bey mir. Ein köstlich guter
Mensch. Ich fange nun erst an zu leben,
und verehre meinen Genius.
Morgen mehr.

d. 30 Nachts.

Nur ein Wort nach einem sehr reichen Tage.
Ich habe die wichtigsten Ruinen des
alten Roms heute früh, heute
Abend die Peterskirche gesehen und
bin nun initiirt.
Ich bin zu Tischbein gezogen und habe
nun auch Ruhe vom allem Wirthshaus Essen
und Reiseleben. Lebe wohl.

d. 12 Decemb. 86.

In Hoffnung daß endlich das Winckelmannische
Packet angekommen seyn wird, schick ich
auch dieses Buch fort und wünsche
daß es dir zur guten Stunde kommen
und mich in deine Nähe bringen möge.
Weil ich in Rom bin hab ich nichts auf-
geschrieben als was ich dir von Zeit
zu Zeit geschickt habe. Denn das Beste
läßt sich nicht sagen, man hat nur genung
nach zu sehen und zu hören. Man muß
recht zum Schüler werden, wenn man
einigen Vortheil von dem Aufent-
halte haben will. Lebe wohl. Da ich
nun Rom gesehen habe will ich das
übrige Gute [in der Nähe und] auf dem Weg noch dank-
bar mitnehmen und dann meinem liebsten
Wunsche, mit dir zu seyn, wieder entgegen
gehen. Lebe wohl. Grüße die deinigen.

G.

50. Verschiedene Arten Kalksteine auf dem Gymnasium abgeschlagen.

51. Ein Kalkstein bey Weimar auf einem ganz kalkreichen Boden gefunden, wahrscheinlich von einem Gebäude.

52 Kalkstein mit Eisen von dem Gymnasium.

53. Granit auf dem Gymnasium. Von einem losen Stück abgeschlagen.

54. Erde mit weißen Granaten. Gleich über der Höhe [illegible] [illegible] [illegible] nach [illegible] [illegible].

Johann Wolfgang Goethe
Reise-Tagebuch 1786
(Tagebuch der Italienischen Reise für Frau von Stein)

Faksimile-Ausgabe der Handschrift im Goethe- und Schiller-Archiv,
Stiftung Weimarer Klassik, Inv. Nr. GSA 27/9

Herausgegeben von Konrad Scheurmann und Jochen Golz
mit Transkription von Wolfgang Albrecht

Eine Publikation des Arbeitskreises selbständiger Kultur-Institute e. V. – AsKI, Bonn und der Stiftung Weimarer Klassik, Weimar, aus Anlaß der Eröffnung der vom AsKI getragenen Casa di Goethe, Via del Corso 18, Rom.
Das Erscheinen der Faksimile-Ausgabe verdankt sich der großzügigen finanziellen Förderung von Frau Herta Klier-Gumprecht.

Verlag Philipp von Zabern, Mainz 1997